난생처음 시작하는
돈 공부

난생처음 시작하는 돈 공부

제이크 쿠지노 지음 | 도지영 옮김

 금융 문맹 탈출을 위한
맞춤형 재테크 수업 

FACE YOUR
FINANCIAL FEARS

일러두기

1. 이해를 돕기 위해 본문에 등장하는 달러는 원화 1400원으로 치환하여 함께 표기했다.

2. 옮긴이와 편집자 주는 각주(*, **, ***)로, 참고문헌은 미주(1, 2, 3)로 구분했다.

삶의 주도권을 되찾아줄 맞춤형 금융 수업

인정하기 싫지만 받아들여야 할 사실이 하나 있다. 나는 서평을 잘하지 못한다. 게다가 서평을 제대로 배워 본 적이 없으니 서투른 건 당연한 일인데도, 서평할 줄 모른다는 걸 남들이 알아차릴까 봐 내심 불안해했다.

꽤 많은 사람이 재테크 문제 앞에서 이와 똑같이 행동한다. 재테크의 기초를 배운 적이 없고, 돈을 모으거나 빚을 관리하는 데 어려움을 겪으면서도 쉽게 도움을 구하지 않는다. 재테크 지식이 부족하다는 사실을 들키는 것이 부끄럽기 때문이다.

언젠가 서평에 소질이 있는 것처럼 거짓말하고, 도움받기를 꺼리느라 파도에 휩쓸려 다친 적이 있다. 무지함을 숨기려다가 목숨을 잃을 뻔한 아찔한 순간이었다.

이처럼 재테크에 대한 불안감을 무시하고 돈을 어떻게 다루어야 하는지 모든 걸 다 아는 척 행동하면, 인생에는 치명적이고 장기적인 문제가 생긴다. 이제는 값비싼 대가를 치러야 하는 어리석은 일을 반복하는 걸 멈춰야 한다. **우리는 과거보다 더 나은 결정을 내려야 한다.**

나는 갓 성인이 된 청년들에게 돈 관리의 기초 개념을 알리고, 지금껏 수많은 사람이 저질러온 실수를 하지 않도록 도와주기 위해서 첫 책《어른이 되는 법How to Adult》을 펴냈다. 20대 초반, 나아가 10대 후반의 청년들이 이 책을 읽고 돈 관리가 생각만큼 어렵거나 지겨운 일이 아니라고 생각하기를 바랐다. 다행히 출간 이후 들려온 독자들의 후기는 대부분 긍정적이었다. 독자층도 다양했다. 20대 초반이 주를 이룰 것이라는 내 짐작과 다르게 의외로 30대, 40대, 혹은 그 이상의 연령대도 많았다.

내게 돈 문제와 관련해 자신의 경험을 공유해준 독자들은 대부분 비슷한 상태에 놓여 있었다. 바로 **무지**와 **두려움**이다. 내가 쓴 첫 번째 책을 읽었든 읽지 않았든 지금 이 책을 읽고 있는 독자라면 이러한 상태는 낯설지 않을 것이다.

많은 사람이 돈 관리 앞에서 무지하다. 그도 그럴 것이 최근까지도 학교에서는 금융 교육을 하려는 시도조차 하지 않았다. 사회에 나와서도 상황은 비슷하다. 사람들은 친구나 이웃, 혹은 동료와 돈 이야기를 하는 걸 꺼리기 때문이다. 이유야 어찌 됐

 난생처음 시작하는 돈 공부

든 돈이라는 주제는 우리 사회에서 일종의 금기로 여겨진다. 정말 이상한 점은 따로 있다. 그러면서도 우리는 스스로가 재테크를 빈틈없이 이해하고 있어야 한다고 생각한다. 그리고 그렇지 않다는 사실을 마주하면 죄책감을 느낀다.

이러한 상황은 불안을 불러일으킨다. 돈은 인생의 감정, 연애, 직업적인 면에서 커다란 역할을 맡고 있지만 많은 사람이 효율적으로 부를 쌓는 방법을 모르며, 도움을 구하는 걸 지나치게 두려워한다. 하물며 20~30대에는 재테크 공부를 피하기도 한다. 돈 문제를 책임지는 일은 나이 든 어른들의 게임이라 여기기 때문이다. 그런데 나이가 든 뒤에는 돈이라는 주제로부터 몸을 숨기려 한다. 돈 이야기를 하려면 돈을 무모하게 다뤄온 행동을 점검해야 하는 취약한 상황에 놓이기에 그렇다. 그뿐만 아니라 자신을 제외한 다른 사람들은 전부 재테크에 능숙하다는 잘못된 믿음을 갖고 있다. 이런 생각이 들면 돈 이야기를 하는 게 한층 더 부끄러워진다.

《난생처음 시작하는 돈 공부》는 현재 자신의 재정 상태에 문제가 있음을 인지하고 있지만, 막상 돈 문제를 정면으로 마주하는 일이 두렵고 겁나는 사람에게 해답을 주는 책이다. 돈을 생각할 때마다 앞서는 불안을 걷어내고 돈과 긍정적인 관계를 맺을 수 있도록 이끄는 것이 이 책의 목표다.

이 책에서는 그동안 스트레스의 대상이라며 외면해온 돈 걱정을 담담히 마주하는 것을 시작으로 각자의 삶에 최적화된 자산 형성 계획을 세우는 데 필요한 핵심 개념을 배울 것이다. 또 구체적인 실전 매뉴얼까지 함께 확립할 수 있다.

《난생처음 시작하는 돈 공부》는 1부와 2부로 나뉜다.

1부. 돈 걱정을 끝내주는 재테크 기초 수업
2부. 돈을 쉽게 다루는 재테크 실전 수업

돈에 대해 느끼는 두려움과 불안은 대부분 현실성이 없는 내용이 많다. 많은 사람이 금융 지식의 부재와 SNS, '주식 폭등'이나 '집값 폭등'과 같은 자극적인 뉴스 때문에 '남들은 점점 부유해지는데 나만 월급에 매달려 하루하루 버티고 있다'라는 착각에 빠지곤 한다.

1부에서는 이러한 근거 없는 믿음부터 바로잡는다. 지금 처한 상황은 결코 보이는 것만큼 절망적이지 않으며, 경제적 자유 또한 생각보다 가까이에 있음을 증명해 보일 것이다. 더 나아가 재테크 초보자도 즉시 실행에 옮길 수 있는 맞춤형 금전 관리법은 물론이고 주식 투자의 문턱을 낮춰줄 기초 금융 지식과 현실적인 목표 수립 전략을 제시한다. 이는 돈에 대한 심리적 장벽을 허물고 본격적으로 실전에 투입할 수 있는 탄탄한 투자 근육을 길러줄 것이다.

2부에서는 부의 궤도에 안착하기 위한 본격적인 실전 단계로 들어간다. 목표를 현실로 바꿔줄 계획 수립에 필요한 실무 기술과 명확한 가이드를 제공할 것이다. 구체적인 예산 편성부터 빚 청산, 무의식적인 소비를 차단하는 법, 든든한 은퇴 설계, 그리고 몸값을 높여 수익을 극대화하는 법까지 자산 증식의 전 과정을 빈틈없이 다룬다.

1장부터 10장까지 이어지는 여정을 차근차근 따라가다 보면 단계별로 성장하며 단단해지는 자신을 발견하게 될 것이다. 만약 '미래의 언젠가' 돈을 관리하고 재정 문제를 바로잡겠다고 다짐해왔다면 그 '언젠가'는 바로 지금이다. 이 책을 펼친 순간, 변화를 위한 위대한 여정은 이미 시작되었다.

늦었다고 생각할 때 시작하라

금융 교육을 본격적으로 시작하면서 재테크에 대한 확실한 답을 얻기 위해 상담을 요청하는 친구와 동료가 늘어났다. 이럴 때 나는 지금 당장 수익을 내는 것보다 복리의 중요성을 강조하는 편이다. 이것이 자산 형성의 본질이기 때문이다. 또 몇몇 가까운 친구들은 회사의 퇴직연금 제도를 활용할 구체적인 투자 방안을 자주 묻곤 하는데, 나는 항상 퇴직연금인 401(k)*의 작동 방식을 제대로 알고 있는지 먼저 되묻는다. 이 지점부터 친구는 땀을 흘리며 대답을 더듬기 시작한다. "응, 물론이지…. 음, 투자를 도와주는 거잖아? 그렇지? **정확하게** 안다고 확신할 수 없긴 해." 이런 대답은 그저 '모른다'라는 말을 장황하고 어색하게 늘어놓는 것뿐이다.

나 역시 스스로 무슨 말을 하는지도 모르면서 금융 지식에 대해서 아는 척하다가 부끄러움을 느꼈던 적이 있다. 26세 무렵의 일이다. 세금 신고를 했는데, 1500달러(약 210만 원)라는 예상치 못한 거액이 청구되었다. 당시 나에게는 그만한 여윳돈이 없었기에 나는 일주일 내내 만나는 사람마다 붙잡고 세금이 너무 많이 나왔다며 불평을 늘어놓았다. 그러다 한 친구가 급여에서 원천징수액**을 어떻게 설정했는지 물었을 때 "많이 부족했나 봐!"라는 아주 무지하고 엉뚱한 대답을 내놓았다.

---

* 미국의 직장인 퇴직연금 중 하나다. 개인이 월급 일부를 저축하면 회사도 일정 금액을 추가로 적립해준다. 한국의 퇴직연금 DC형처럼 근로자가 자기 책임하에 직접 적립금을 운용하는 방식이다.

** 미국은 근로자가 가구 구성원 수나 공제 항목에 따라 매달 월급에서 뗄 세금 규모를 직접 결정한다. 이때 월급에서 세금을 너무 적게 떼도록 설정하면, 이듬해 초 세금 신고 시 부족분을 한꺼번에 납부해야 한다. 저자가 겪은 상황은 국내로 치면 연말정산 때 예상치 못한 거액을 추가 납부하게 된 것과 같다.

돈 관리에 눈이 밝았던 그 친구가 원천징수액에 관해 물었던 건 내가 원천징수액을 실제 소득 수준보다 지나치게 적게 설정했다는 사실을 꿰뚫어 본 것이었다. 사실 원천징수액이 무엇인지조차 몰랐다. 하지만 친구가 설명을 시작하려 하자 단지 말이 헛나온 척 둘러댔다. "아, 맞아. 내 말이 그 뜻이었어. 원천징수액을 너무 적게 설정했지."

그 친구는 원천징수액에 관해 기꺼이 설명해줄 생각이었을 텐데 나는 소득세 시스템을 전혀 모른다는 사실을 친구가 알게 되는 게 두려워서 거짓말을 했다.

지금 이 글을 읽으면서 어쩌면 약간의 불안감을 느꼈을지 모른다. 세금이나 원천징수액 같은 기본적인 금융 개념을 정확히 알지 못한다는 사실을 깨닫고, 자신의 맹점을 마주한 것이 당혹스러울 수도 있다. 하지만 부디 그 기분에서 도망치려고 하지 마라. 이 책은 우리의 단점을 솔직하게 인정하게 돕고, 그에 맞설 수 있는 자신감을 채워줄 것이다.

두려움은 무지에서 온다

과거의 나처럼 자신의 무지를 인정하기 꺼려하는 모습은 어디에서나 흔히 볼 수 있다. 이는 우리와 돈 사이에 형성된 기이하고 복잡한 관계를 보여준다. 돈을 관리하는 방법을 모른다는 사실을 인정하는 일은 정말 부끄러운 일이다. 그래서 모른다는 사실을 인정하기보다 재테크와 관련된 실수를 반복하며 삶의 질을 낮추는 쪽을 택한다.

게다가 많은 사람이 타인은 자신보다 재테크에 훨씬 능숙할 것이라는 착각을 하고 있다. 하지만 꼭 알아야 할 사실이 있다. 재테크 지식을 갖추지 못한 사람이 비단 한둘이 아니라는 점이다. 세계적인 신용평가사 스탠더드 앤드 푸어스Standard and Poor's에서 실시한 조사에 따르면 금융 지식을 갖춘 성인은 전 세계에서 33%에 불과하다.[1]

20대 후반에는 바닥난 재정 상태를 개선하려면 어떤 관리를 해야 하는지 전혀 몰랐다. 그래서 재테크와 관련한 글을 닥치는 대로 찾아 읽었다. 불과 몇 달 만에 기본 개념을 명확하게 이해했고 부채를 관리하고 부를 쌓을 수 있다는 자신감도 생겼다. 무엇보다 남들이 다 한다고 믿었던 재테크 이야기에 비로소 참여할 수 있게 되어 신이 났다. 그런데 얼마 지나지 않아 그런 이야기를 나눌 수 있는 사람은 많지 않다는 사실을 깨달았다.

이 과정에서 발견한 가장 이상한 점은 금융 교육을 제대로 받은 사람이 주변에 거의 없다는 사실이다. 고등학교 금융 교육 의무화가 추진된 지는 그리 오래되지 않았으므로 현재 성인 중에서 재정 수업을 정식으로 받은 사람은 많지 않다. **그렇다면**

　　　　　　　　　　　　　　　　　난생처음 시작하는 돈 공부

배운 적도 없는 돈 관리법을 모른다는 사실에 왜 이토록 부끄러움을 느끼는 걸까?

최근에는 친구가 개인연금 계좌IRA, Individual Retirement Account*를 개설해 은퇴 이후를 대비하기 위한 저축을 시작할 수 있도록 도와주었다. 나는 사람들에게 재테크를 가르쳐주는 일을 정말 좋아한다. 특히 투자가 어려운 이들이 첫걸음을 잘 뗄 수 있도록 돕는 일은 한층 더 큰 기쁨으로 다가온다. 그날 우리는 주말 일정에 관해 즐겁게 이야기를 나누고 있었다. 그러던 중 내가 먼저 화제를 전환했다. 미래를 위해 투자하고 싶다면, 바로 지금이 첫걸음을 내디딜 때라고 말이다.

그 말을 들은 친구는 우는 얼굴을 했다. 친구는 돈 문제를 마주하기까지 오랜 시간이 걸렸다는 이유로 죄책감에 휩싸여 있었다. 재테크 공부를 매년 미루는 바람에 스트레스가 쌓여서 재테크는 자신이 할 수 없는 일이라고 생각하게 된 듯했다. 하지만 마침내 돈을 관리해야 할 때가 왔고, 친구는 그 사실을 부정하며 지내온 세월의 무게에 짓눌려 있었다.

수많은 사람이 이처럼 근거 없는 죄책감을 느끼고 그 죄책감

---

* 미국의 개인이 노후 자금을 마련하기 위해 스스로 개설하고 운용하는 퇴직연금 계좌다. 납입한 금액에 대해 세액공제 등의 혜택을 준다는 점에서 국내의 IRP(개인형 퇴직연금)나 연금저축 계좌와 그 기능이 일맥상통한다. 본인이 직접 투자 상품을 선택해 자산을 굴린다는 점 또한 국내의 개인형 퇴직연금 시스템과 유사하다.

을 마주해야 한다는 불안 때문에 계속 재테크에 무지한 상태로 지낸다. 부정적인 감정을 피하고 싶어하는 것은 인간의 자연스러운 본성이다. 그래서 돈 문제로 부끄러움을 느끼면 이를 회피하고 무시하려고 하는 것이다. 하지만 이것은 최악의 행동이다. 돈 관리를 어떻게 해야 할지 모른다는 건 부끄럽거나 당혹스러워할 일이 아니라고 말하고 싶다. 물론 두려워할 필요도 전혀 없다.

사실 이 책을 읽기로 했다는 것만으로도 이미 용감한 선택을 한 셈이다. 자신에게 돈 문제가 있다는 점을 인식했다는 뜻인데, 자기 계발로 나아가는 여정에서 가장 어려운 단계가 이런 문제 인식 단계이기 때문이다. 그러니 부끄러움에 휩싸여 이 책을 읽기보다 돈에 관한 두려움을 마주하겠다는 적극적인 조치를 한 스스로를 자랑스럽게 여겨야 한다.

돈에게 지배당할 것인가, 돈을 지배할 것인가

'돈'은 우리 가족의 대화 주제가 되어 본 적이 없다. 주된 이유는 이렇다.

- 우리 가족은 관리할 돈을 가져 본 적이 없었고, 재테크도 몰랐다.

난생처음 시작하는 돈 공부

대학교를 중퇴한 나는 재테크에 대해 아무것도 모르는 채로 사회에 던져졌다. 심지어 학자금 대출 조항이 어떤 내용인지조차 알지 못했다. 정확히 얼마나 빌렸는지, 대출 이자율은 몇 퍼센트인지도 몰랐다. 당연히 이자의 작동 원리조차 몰랐다. 그래서 졸업 후 매달 대출금을 갚으며 살아갈 미래가 어떤 모습일지 상상조차 할 수 없었다.

학교를 그만두고 학자금 대출을 갚는 일보다 친구들을 만나 어울려 노는 일에 더 돈을 쏟아부었다. 결국 학자금 대출 상환을 중단했고, 대출 기관에서 걸려오는 전화를 무시했다. 게다가 무모한 소비 이력을 한층 더 채우기라도 하려는 듯 처음으로 발급받은 신용카드는 한도를 초과했다.

27세에 순자산Net Worth은 마이너스 3만 달러(약 4200만 원)로 적자였다. 다행히 연봉 5만 5000달러(약 7700만 원)의 안정적인 교사 일을 얻었고, 내 형편없는 돈 관리 능력에 부끄러움을 느꼈다.

이때쯤 나는 삶을 정비하기로 했고 재테크를 공부하기 시작했다. 관련 서적을 탐독하며, 두 가지 상반된 감정에 마음이 불편해졌다. 새로 얻은 지식 덕분에 돈을 통제해야겠다는 강한 동기가 생긴 한편, 이토록 간단한 개념을 설명해준 사람이 아무도 없었다는 사실에 속은 듯한 기분이 들어 억울했다.

그때부터 지출하는 모든 돈을 기록하기 시작했고, 쓸데없는 소비를 없앴다. 가지고 있는 돈은 모조리 대출을 갚는 데 쏟아부었다. 좁은 원룸의 낡은 중고 소파에 앉아 은행 앱을 들여다보던 시절이 지금도 눈에 선하다. 과외 수업을 얼마나 더 늘려야 할지, 예상치 못한 큰 지출이 생기지는 않을지, 대출을 전부 갚아 순자산을 0달러로 만들 수 있을지 가슴 졸이며 계산기를 두드렸다. 뒤에서 자세히 이야기하겠지만 순자산 0달러를 달성하는 건 내게 경이로운 성과였다. 빚이 모두 없어진다는 상상만으로도 마음이 벅차올랐다.

마침내 대출을 다 갚는다는 목표를 달성했고, 이후 5000달러, 1만 달러, 마침내 2만 5000달러로 저축 목표를 세웠다. 오늘의 나는 백만장자까지는 아니지만 빈털터리였던 27세의 나로서는 상상도 할 수 없을 정도로 경제적인 자유를 얻었으며 꽤 안정적인 삶을 운영 중이다. 나의 현재 상황을 자랑하려고 재테크의 여정을 공유한 게 아니다. 사실 부는 매우 주관적이므로 나의 현재 순자산을 들으면 조롱할 사람도 많을 것이다. 내 경험을 이야기한 건 내가 이루어낸 금전 관리의 혁명이 또 다른 시작으로 이어지기를 바라기 때문이다.

돈 문제로 어려움을 겪고 있는 사람이 있다면 지금 어떤 기분일지 안다. 나 역시 은행 앱을 바라보며 쥐꼬리만 한 월급이 들어오기 전까지 자동차 할부금, 식비, 주유비를 도대체 어떻게 감당해야 할지 걱정만 했다. 명문 대학 졸업장도 없고, 집안이

  난생처음 시작하는 돈 공부

부자인 것도 아니다. 고소득자도 아닌, 그저 지극히 평범한 전임 교사다. 하지만 이처럼 보잘것없는 조건에서도 나는 경제적 자유를 얻었으며, 여러분도 나처럼 할 수 있다고 믿는다.

처음부터 잘 아는 사람은 없다

이미 돈 관리를 잘하는 사람이라면 이 책을 읽을 이유가 없다. 하지만 돈 관리가 어렵고, 재정 상태가 심각하다면 자신의 무지를 솔직하게 인정해야 한다. 재테크 지식이 없다는 사실을 인정하고 받아들이는 순간, 다음의 두 가지 이유로 자유로워진다.

첫째, 재테크 지식이 없다는 사실을 인정하면 인지 부조화가 가져오는 해로운 영향이 줄어든다. 인지 부조화란 스스로가 가진 믿음과 실제로 행하는 선택이 서로 충돌할 때 발생하는 심리적 불편함을 말한다.

예를 들어보자. 오레오 과자 한 통을 앉은 자리에서 다 먹으면 건강에 해롭고, 죄책감을 느끼게 되리라는 사실을 이미 잘 알고 있다. 하지만 집에 혼자 남겨진 순간, 어느새 과자 봉지를 뜯고 있는 자신을 발견하게 된다. 오레오 과자를 먹으면 즐거움보다 먼저 형언할 수 없는 부끄러움이 밀려든다. 마찬가지로 돈과의 관계에 변화를 주어야 한다는 걸 알면서도 전부 다 괜찮은 척 행동하거나 돈과 관련된 모든 문제를 전부 피하려고만 한다면 불안과 죄책감이 찾아올 수밖에 없다.

예전의 나도 재정 상황이 심각하다는 걸 수년간 알고 있었지만 그런 상황을 마주해야 한다는 생각 자체가 몹시 스트레스였다. 그러느니 실제보다 좋은 상황인 척하는 게 더 편했다. 이러한 마음 때문에 멍청한 실수를 계속 저질렀고 돈에 관한 끝없는 걱정, 혹은 돈이 없다는 걱정을 누르려 애썼다.

둘째, 금전적으로 심각한 문제가 있다고 인정하는 순간, 비로소 변화를 위한 행동에 나서게 된다. 과거에 돈 문제와 관련해서 내린 형편없는 선택들을 간과하고, 자신에겐 돈 문제 같은 건 없다고 스스로를 설득하려 들면 소비 습관을 바꿀 동기 또한 생기지 않는다. 하지만 자신의 단점을 공개적으로 인정하고 나면 더 이상 문제를 외면하기란 불가능해진다. 이건 마치 중독과 같다. 알코올 중독 문제가 있는 사람이 자신에게는 문제가 없다고 합리화하면 술을 계속 마시고, 중독이 더 심각해진다. 하지만 자신이 술 앞에서 무력하다는 사실을 인정하면 도움을 구하고 행동을 바꿀 가능성이 훨씬 커진다. 금전 관리도 마찬가지다.

이 책은 금전 관리에 무지하다는 데 죄책감을 느끼며 그 무지를 마주했을 때 닥쳐올 현실을 두려워하면서도 끝내 변화할

                                    난생처음 시작하는 돈 공부

준비가 된 사람들을 위한 가이드북이다. 앞으로 이어지는 장에
서는 재정 상황을 개선하고, 부를 쌓아 올리기 위한 구체적인
안내와 함께 오늘부터 당장 실행 가능한 실전 전략들을 다룰 것
이다.

차례

1부
돈 걱정을 끝내주는 째테크 기초 수업

1장 돈에 대한 두려움을 확신으로 바꾸는 법

2장 돈의 우선순위를 정하라

2부
돈을 쉽게 다루는 재테크 실전 수업

6장 금융 재활 프로젝트

7장 들어오는 돈은 늘리고, 새는 돈은 끊어라

8장 빚의 굴레를 끊는 법

9장 든든한 은퇴를 설계하는 법

10장 경제적 자유로 가는 길

1부

돈 걱정을 끝내주는 재테크 기초 수업

1장

돈에 대한 두려움을 확신으로 바꾸는 법

: 성공은 생각보다 가까이에 있다

시중에 떠도는 수많은 재테크 조언은 중요한 사실 하나를 간과하고 있다. 바로 많은 사람이 돈 문제를 이야기하는 것 자체에 두려움을 느낀다는 사실이다. 조언을 건네는 이들은 대부분 재무 감각을 갖추고 있거나 이미 상당한 부를 쌓은 사람들이다. 그러다 보니 돈 문제 앞에서 갈피를 잡지 못하고, 이 상황에서 벗어날 방법을 찾지 못하는 이들의 처지에 깊이 공감하지 못하는 경우가 많다.

돈 문제의 악순환

재테크를 잘 아는 사람이 친구에게 은퇴 이후를 대비하라며 이렇게 조언한다고 가정해 보자. "비과세 개인연금 계좌IRA를 개설해서 운용 비용이 적게 드는 S&P500 추종 인덱스 펀드Index Fund*에 투자해." 조언을 마친 그는 재테크에 서툰 친구를 올바른 길로 인도했다는 뿌듯함에 젖어 있을 것이다. 하지만 의도가 아무리 좋았더라도 그의 조언은 오히려 친구를 투자라는 세계에서 한 걸음 더 멀어지게 만드는 역효과를 낳았을 뿐이다.

---

* 시장에서 가장 잘나가는 기업들을 정해진 순위(지수)대로 모두 사는 방식. 예를 들어 S&P500 인덱스 펀드는 미국 대표 기업 500개를 한꺼번에 사는 것과 같다. 하루에 한 번 정해지는 가격으로 거래되며, 적립식 투자자에게 적합하다.

　친구를 위한 조언 속에 이해를 가로막는 금융 용어가 몇 개나 들어 있는지 생각해 보자. '비과세 계좌' '개인연금 계좌' '인덱스 펀드' 등이 나왔다. 그런데 대부분은 재테크에 대한 기초 지식이 전혀 없기 때문에 이 용어가 무슨 뜻인지 의문스러울 것이다. 애석한 일이지만 재테크 지식을 갖춘 사람과 갖추지 못한 사람은 서로 크게 단절되어 있다. 결국 서로 효과적으로 소통하기 위한 언어나 접근법을 찾느라 애쓰다가 틈이 더 벌어져 멀어지고 만다. 재테크에 능숙한 이들은 선의의 마음으로 재테크 지식을 갖추지 못한 사람도 재테크와 관련된 기본 개념은 안다고 생각한다. 그런데 이러한 '당연한 전제'는 재테크 지식이 부족한 사람에게 큰 수치심을 안겨준다. '간단한' 개념조차 알지 못한다는 사실에 당황한 나머지 결국, 재테크는 결코 범접할 수 없는 영역이라는 (잘못된) 결론을 내린다.

　인생에서 원하는 것을 얻으려면 돈을 관리하고 통제해야 한다는 사실은 이미 잘 알고 있다. 하지만 방법을 배우려 할수록 생소하고 복잡한 용어들에 압도되어 이내 백기를 들고 만다. 불안이라는 감정이 만들어지기에 더할 나위 없이 완벽한 조건이다. 그리고 이 지점에 이르면 사람들은 대개 포기를 선언한다. 돈과 관련해 느끼는 불안한 감정으로부터 자신을 보호하기 위해 재테크라는 주제 자체를 삶에서 지워버리는 것이다.

　혹은 재테크를 포기한 건 아니지만 돈이 없다는 이유로 공부를 미루는 사람도 많다. 그것이 전략이든 아니면 단순한 회피든, 효과적인 해결책은 아니다. 이러한 사고방식은 재정 문제에 치명적인 빈틈을 만든다. **돈이 없어서 재테크를 배우지 않는다고 말하지만 실은 재테크를 모르기 때문에 돈이 없는 것이다.**

우리 사회는 구성원들이 성인이 되어 마주할 냉혹한 재정 현실에 대비할 수 있도록 가르치지 못했다. 이것은 명백한 사회적 실패다. 그 결과로 수많은 성인이 돈과 건강하지 못한 관계를 맺고 있는 것이다.

돈 이야기가 두렵고, 마음속에 가득한 돈 걱정으로 불안이 끊임없이 밀려드는 이들을 위해 이제 돈과 재테크에 대한 관계를 근본적으로 변화시키려 한다.

부자는 조용하고 지루하게 돈을 번다

어릴 때부터 나는 종교, 정치, 돈 이야기는 꺼내지도 말라는 이야기를 들으며 자랐다. 정치와 종교 이야기를 피해야 한다는 가르침은 충분히 이해한다. 사람들을 서로 대립하게 만드는 주관적인 신념이기 때문이다. 이해를 돕기 위해 몇 가지 상황을 가정해 보자. 무신론자인 A의 생각은 유신론자 B가 지닌 믿음을 간접적으로 공격하는 셈이 되고, 좌파 정치인을 지지하는 C의 선택은 우파 성향인 D에게는 자신의 삶을 위협하는 행위로 비치기도 한다. 게다가 사람들은 정치나 종교 주제로 토론할 때 새로운 통찰이나 섬세한 관점을 얻기보다 원래 지녔던 믿음을 더 공고히 다진다.

그런데 이야기해서는 안 될 주제에 돈은 왜 들어가는 걸까? 정치나 종교와 다르게 돈은 사람들에게 실질적인 혜택을 주고, 재정 문제를 인식하고 관리하는 방식 자체를 근본적으로 바꿔놓는다. 그리고 대부분의 사람은 자신의 경제적 습관을 종교적 신념만큼이나 절대적인 것으로 여기지 않는다. 그래서 돈과 관련된 문제 앞에서는 대안이 있다면 기꺼이 듣는다. 예를 들어 만일 내가 사람들에게 가톨릭 신앙을 버리고 내가 믿는 '워런 버핏교'로 개종하라고 권한다면 어떨까? 아마 그런 불경스러운 제안을 하느냐며 불지옥에나 떨어지라는 불호령이 떨어질 것이다. 하지만 돈 이야기를 자유롭게 하다가 내가 상대와 같은 일을 하면서도 20% 이상 더 많은 연봉을 받고 있다거나 혹은 그저 주거래 은행만 바꾸었을 뿐인데 매달 200달러를 벌고 있다는 사실을 밝히면 어떻게 될까? 상대는 아마 내 이야기를 더 자세히 듣고 싶어할 것이고, 결과적으로 자신의 재정 상태를 개선하기 위해서 나서게 될 것이다.

돈 이야기를 피하고 싶은 마음은 막대한 비용을 치르게 만든다. 학교에서 재테크 수업을 받은 적도 없고, 돈을 주제로 대화하는 것도 불편해하니 돈을 어떻게 다뤄야 하는지 아는 사람이 거의 없다는 사실은 전혀 놀라운 일이 아니다. 돈은 매일 다루는 것이고, 돈 문제는 정신 건강과 삶의 질에 절대적인 영향을 미친다. 그럼에도 불구하고 수많은 사람이 돈을 여전히 두렵고 이해할 수 없는 대상으로 여긴다.

기초적인 금융 지식조차 모르는 경우가 대다수다 보니 어떤 정보가 좋은 정보이고 어떤 정보가 나쁜 정보인지 구분하기조차 버거워하며 잘못된 정보에 매우 취약하다. 주식은 거대한 사기판일까? 암호화폐는 안전한 투자 대상일까? 자동차는 사는 것보다 리스하는 게 경제적으로 더 이득일까? 이러한 질문들은 불안함을 초래해 사람들로 하여금 더 깊이 돈 이야기를 회피하게 만든다.

나는 그간 근거 없는 믿음에 사로잡혀 돈에 관해 잘못된 결정을 내리는 이들을 수없이 지켜보았다. 이러한 잘못된 결정에는 재정적, 감정적 대가가 따른다. 하지만 이보다 더 치명적인 것은 아예 아무런 결정도 내리지 못하는 방관이다. 이번 장에서는 돈에 관해 미처 몰랐던 사실을 파헤치고, 그 속에서 도움을 얻을 수 있는 실질적인 해답을 찾아보려 한다.

돈을 복사하는 법

나는 오랫동안 복리의 원리를 제대로 이해하지 못했다. 부자가 되려면 현금 100만 달러(약 14억 원)를 저축해야 한다고만 생각했다. 생각보다 많은 부자가 단순히 돈을 쌓아두는 데 그치지 않고 투자를 통해 돈을 굴린다는 사실을 전혀 모르고 있었다. 이러한 오해는 재정적 가치관을 왜곡시켰고 결국 돈과 건강하지 못한 관계를 맺게 하는 결정적인 계기가 되었다. 그 가정은 올바르지 않았을 뿐만 아니라 나와 돈의 관계에 심각하게 부정적인 영향을 미쳤다.

나는 65세까지 100만 달러를 모으려면 25세 때부터 매년 2만 5000달러(약 3500만 원)를 저축해야 한다고만 생각했다. 하지만 25세 때 내 연봉이 딱 그 정도였다. 연봉을 한 푼도 쓰지 않고 모아야 가능하다는 계산이 나오자 결국 65세에 100만 달러를 모으는 건 불가능한 일이니 시도할 필요조차 없다는 결론에 다다랐다.

투자를 공부하기 시작하면서 복리가 만들어내는 엄청난 힘을 알고 큰 충격을 받았다. 투자가 자산 증식에 어느 정도 도움이 될 거라 짐작은 했지만 복리를 통해 돈이 얼마나 빨리 불어나는지 직면하게 되자 도저히 믿을 수가 없었다.

구체적인 수치로 확인해 보자. 예를 들어 주식에 매달 400달러(약 56만 원)를 투자하고 시장 평균인 연 10%의 수익률을 거둔다고 가정하면 25년 뒤에는 52만 달러(약 7억 2800만 원)로 불어난다. 여기서 가장 믿기 어려운 부분은 우리가 실제로 투자한

 난생처음 시작하는 돈 공부

원금은 12만 달러에 불과하다는 점이다. 나머지 40만 달러는 복리를 통해 형성된 금액이다.

부유해지려면 매년 2만 5000달러를 저축해야 한다고 생각했는데 백만장자가 되기 위해서는 100만 달러 중 일부 금액만 투자하면 된다는 사실을 알게 되었다. 그보다 더 중요한 건 이러한 깨달음을 통해 돈을 바라보는 관점이 바뀌었다는 점이다. 내 꿈이 생각했던 것보다 훨씬 가까운 곳에 있다는 사실을 깨닫자 본격적으로 꿈을 좇을 수 있는 동기가 생겼다.

지금 겪고 있는 금전적 어려움과 이상적인 목표 사이의 간극에 막막할 수도 있다. 하지만 지금 오르고 있는 이 언덕이 생각만큼 높지 않을 수도 있다는 걸 명심하라. 복리는 믿기 어려울 정도로 강력한 힘을 지녔다. 일단 복리를 통해 이익을 얻고 나면 수중의 돈이 불어나는 속도에 좋은 의미로 깜짝 놀라게 될 것이다.

백만장자는 가성비 바지를 입는다

사람들은 종종 부를 오해하곤 한다. 그 이유는 부가 어지간해서는 겉으로 드러나지 않기 때문이다. 흔히 부자라고 하면 사람들은 기술을 잘 다루는 전문가, 유명 가수, 혹은 가업을 물려받은 자산가 등을 떠올린다. 물론 이들도 부를 지니기는 했으나 부유한 사람의 전형적인 모습은 따로 있다. 이웃사촌인 50세 토드라는 회계사를 소개한다. 그는 코스트코에서 산 커클랜드 청바지에 브랜드 없는 폴로 셔츠를 걸치고 다닌다. 다음은 토드 부부가 지닌 재산의 상세 내역이다.

- 부부는 1년에 8만 달러를 번다.
- 부부는 은퇴 자금으로 60만 달러를 저축했고, 이는 25년 동안 401(k) 퇴직연금 계좌에 매달 500달러씩 투자해 모은 금액이다.
- 부부는 긴급 상황을 대비한 30만 달러의 비상금을 보유하고 있다.
- 부부에게는 주택자금대출 9만 달러가 있다.
- 그 외 다른 대출은 없으며, 훗날 아들을 도와주기 위해 매달 500달러씩 저축하려 한다.

토드 부부의 삶에 화려한 요소는 아무것도 없지만, 그들은 경제적으로 부유하다. 옵션 상품을 거래하는 별도의 증권 계좌는 없고, 은퇴 이후를 위한 퇴직연금 계좌 401(k)뿐이다. 연봉이 아주 높지는 않지만, 소득에 맞게 생활한다. 임대용 부동산도 없고, 불로소득도 없다. 그저 불필요한 부채를 피하며 살아왔다.

부를 쌓는 건 생각보다 훨씬 더 간단한 일이다. 성공하려면 새벽 3시에 일어나 거물처럼 16시간씩 통화하며 거래를 성사시켜야 한다는 감언이설이 뇌리에 더 강렬히 남겠지만, 그건 말도 안 되는 소리다. 그냥 토드처럼 하라.

부자로 사는 건 즐겁지만 부자로 가는 길은 지루하다

많은 사람이 멋진 자동차와 고급 레스토랑, 호화로운 휴가를 경제적인 부유함을 나타내는 지표로 여긴다. 그런데 이것들은 순자산에 해를 끼치는 소비 행위에 불과하다.

주택 또한 부를 나타내는 지표로 보기에는 오해의 소지가 있고, 형편에 맞지 않는 집을 산 사람은 자신이 원하는 경제적 미래에서 멀어지게 된다. 멋진 자동차와 고급 주택이 반드시 부를 증명하는 게 아니라면 무엇이 부를 증명하는가?

일단 순자산은 기본적인 공식을 통해 알아볼 수 있다.

• 자산 − 부채 = 순자산

자산Assets은 현금, 주식, 채권, 부동산처럼 가치를 지니고 있고, 이를 활용해 순자산을 늘릴 수 있다.

부채Liabilities는 갚아야 할 돈이다. 자동차 대출, 학자금 대출, 신용카드 이용 금액, 주택자금 대출 등이 여기에 속한다. 부채는 전부 순자산에 해가 된다. 주택은 대출금을 상환할 때까지 자산이면서 부채다. 고가의 주택을 구매하기 위해 빌린 주택담보대출은 순자산 장부에 막대한 부채를 더한다. 다음에 소개하

는 두 가지 시나리오를 통해 주택이 어떻게 부를 증명하는 신뢰
할 지표가 될 수 없는지 확인해 보자.

1. 저스틴은 60세로, 34평 규모의 집에 산다. 이 집을 30년 전에
   10만 달러를 주고 매수했으며 현재 시세는 40만 달러에 달한다.
   대출은 전액 상환을 마쳤다.
2. 40세인 네이트는 온갖 호화스러운 시설을 갖춘 98평의 번듯
   한 집을 최근 사들였다. 주택 구매 가격은 120만 달러지만 이 중
   100만 달러는 상환해야 할 대출금이다.

겉으로만 보면 네이트가 훨씬 부유해 보일 수 있다. 네이트
의 집은 저스틴의 집보다 세 배나 비싸고 평수도 크기 때문이
다. 하지만 저스틴의 집은 주택담보대출 상환이 끝났기 때문에
주택 가치인 40만 달러가 온전히 저스틴의 순자산이 된다. 한
편, 네이트는 120만 달러의 집에서 살면서도 100만 달러의 채
무를 안고 있다. 결과적으로 이 값비싼 부동산이 네이트의 순자
산에 기여하는 실질적인 몫은 고작 20만 달러에 불과하다.
저스틴의 상황에서 간과할 수 있는 사실은 그가 30년이라는
긴 세월에 걸쳐 대출금을 전액 상환했다는 점이다. 사람들이 주
목하지 않아도 매달 꾸준히 대출금을 갚아나가는 행위 자체가
곧 투자이며 부를 쌓는 진정한 모습이다.

　　　　　　　　　　　　　　　　난생처음 시작하는 돈 공부

대부분의 백만장자가 나이가 지긋하고 겉보기에 지루해 보이는 삶을 사는 건 우연이 아니다. **부는 하룻밤 사이에 쌓이지 않으며 시간과 노력이 필요하다.** 문제는 부를 이루는 데 필요한 시간과 노력이라는 두 가지 특성은 현대 사회의 모습과 점점 더 어긋나고 있다는 점이다.

우리는 '즉각 만족의 시대'에 살고 있다. 온라인으로 주문한 상품을 24시간 안에 배송받기를 원하고 군살은 몇 달이 아니라 며칠 내로 빠지길 바란다. SNS는 우리의 주의력 지속 시간을 약 15초 남짓으로 줄여놓았다. 이러한 조급한 기대는 재테크 세계에도 만연하다. SNS에서 누군가가 순자산 0에서 불과 몇 주 만에 불로소득으로 한 달에 4만 달러(약 5600만 원)를 벌었다고 주장하는 글을 본 적이 있겠지만, 단언컨대 부는 그렇게 쌓이지 않는다.

미국 백만장자의 연령대는 대개 60대에서 70대 사이다. 경제 교육 및 자기 계발 전문 기업 램지 솔루션Ramsey Solutions의 조사 결과에 따르면 백만장자 10명 중 8명은 기업 지원 퇴직연금인 401(k)에 꾸준히 투자하여 부를 일궜다.[2] 주택담보대출을 상환하고, 퇴직연금 계좌에 자금을 모으는 것이 부를 이루는 주요 원동력이며, 부를 이루기 위한 전략은 성공을 위한 전략과 같다. 그건 바로 장기간에 걸쳐 꾸준히 투자(대출금을 매달 상환하고 급여를 받을 때마다 퇴직연금 계좌에 납부)하는 것이다.

부를 쌓는 과정은 몸을 만들기 위해 운동을 하는 여정과 비슷하다. 부를 쌓을 때나 몸을 만들 때나 초기에는 목표를 가로막는 상당한 저항이 따르기 마련이다. 이 힘을 극복하려면 반드시 시간과 끈기가 필요하다. 첫째, 운동 초기에는 잔인할 만큼 힘들다. 살이 찐 상태인 데다 운동이 몸에 익숙하지 않은 활동이기 때문이다. 처음에 돈을 모으려고 시도할 때도 그 상태를 계속 유지하는 건 힘들다. 예산을 관리하고 통제하는 습관이 몸에 배지 않았기 때문이다. 지난주까지만 해도 마음껏 쓸 수 있었던 돈을 이제는 쓸 수 없다고 생각하면 상당한 심리적 불편함이 뒤따른다. 둘째, 또 다른 어려운 점은 비교에서 온다. 헬스장에 가면 건강한 몸을 가진 사람들이 많아 자신의 몸 상태가 얼마나 엉망인지 쉽게 알아차리게 되는 것이다. 이러한 이유에서 운동을 포기하는 사람이 많다. 오늘 시작한 윗몸일으키기나 러닝머신 같은 사소한 노력이 이미 정점에 도달한 이들의 수준을 따라잡는 데 실질적인 도움이 될 수 있을지 확신하지 못하기 때문이다.

이 문제를 해결할 방법이 있다. 바로 시간이다. 유산소 운동을 계속하고, 신체가 단련될수록 운동은 점차 수월해진다. 부를 쌓는 과정 역시 마찬가지다. 저축하는 습관이 몸에 배고, 복리 효과로 자산이 불어나는 속도가 빨라지면 예산을 관리하고 부를 쌓아가는 일은 이전보다 훨씬 수월해진다. 마침내 타인과의

　　　　난생처음 시작하는 돈 공부

격차가 두드러지지 않는 지점에 도달하면 주변을 의식하며 스스로와 비교하는 일에서도 자유로워진다. 나아가 부의 증식 과정을 스스로 측정할 수 있게 되면, 관심의 초점은 타인에서 비로소 자기 자신으로 향한다.

운동해서 몸이 좋아지는 것, 경제적으로 나아지는 것, 모두 단기간에 성과를 확인하기란 어렵다. 하지만 매일 노력을 기울이다 보면 1년 전, 5년 전, 10년 전, 혹은 20년 전과 비교해 보았을 때 몰아보게 달라진 스스로의 모습에 놀라게 될 것이다.

운동에 계속 비유하자면 초심자는 대개 신체 능력을 새로운 단계로 끌어올리고 체력이 보강되는 과정에서 엔도르핀이 치솟는 러너스 하이Runner's High를 경험한다. 경제적 목표를 달성하는 과정도 마찬가지다. 자산 형성에 어느 정도 진전이 생기기 시작하고, 매달 순자산이 증식하는 걸 수치로 확인하면 운동이 주는 것과 흡사한 성취의 희열을 맛보게 된다.

이제 막 재정 관리의 여정에 발을 들였다면 이 길이 멀다는 것, 그리고 특히 초기에는 성장이 매우 더디다는 점을 명심해야 한다. 하룻밤 새 백만장자가 되려고 하면 커다란 위험을 감수해야 하는데 도리어 시작하기 전보다 경제적 상황이 나빠질 가능성이 크다. 부를 쌓는 과정은 느리고, 지루하게 이루어지며, 대개 외부 세계에서는 결코 알아챌 수 없는 법이다.

SNS가 조회 수를 위해 팔아치운 것

재테크를 주제로 한 유튜브를 찾아보면 타인의 빚을 소재로 삼은 영상을 쉽게 만날 수 있다. 이러한 영상을 보면 대개 평범한 출연자가 재테크 대가로 보이는 사람에게 자신이 마주한 경제적 문제를 설명한다. 재테크 대가는 조롱 섞인 태도로 거칠게 몰아붙이고 시청자가 재미를 느끼도록 내담자를 헐뜯는다. 그러나 이러한 영상은 여러 가지 이유에서 독이 될 뿐이다.

첫째, 방송 프로그램에 출연해 자신의 치부를 드러내면서까지 조언을 구하는 이들은 이미 본인의 실수를 알고 있다. 굳이 그를 어리석은 사람 취급하며 비참함에 몰아넣을 이유는 없다는 뜻이다. 출연자를 공개적으로 망신 주는 행위는 당사자에게 상처를 입힐 뿐만 아니라 그와 비슷한 처지에 놓인 시청자들이 아예 도움 구하기를 포기하게 만드는 부작용을 낳는다.

신용카드 부채가 2만 달러(약 2800만 원)인 사람이 있다고 가정해 보자. 그가 자신보다 적은 1만 달러의 빚을 진 20대 여성이 비난받고 조롱받는 콘셉트의 영상을 본다면 어떤 기분이 들겠는가? 아마 자신의 처지 역시 비웃음을 살 만한 일이며 부끄러워해야 할 문제라고 단정 지을 것이다. 결국 대부분은 이런 수치심을 견디지 못하고 자신의 경제적 현실을 숨기거나 외면하는 길을 택하고 만다.

가장 심각한 문제는 출연자의 무지를 조롱하는 행태다. 한 영상에서 진행자는 ROI(투자 수익률)가 무엇인지 모르는 출연자에게 폭소를 터뜨리며 "그런 무식함이 당신이 열등하다는 증거"라며 비난을 쏟아냈다. 전문가라는 이가 무지를 가르치기는커녕, 이를 인격적인 결함으로 몰아세우며 수치심을 주는 데만 열을 올린 것이다.

이 상황을 행동심리학적으로 살펴보자. 뜨거운 난로에 손을 데인 아이가 다시는 난로 근처에 가지 않듯이, 인간은 고통스러운 결과를 낳는 행동을 기피하기 마련이다. 출연자는 용기를 내어 자신의 약점을 드러냈지만 돌아온 것은 공개적인 망신과 모욕뿐이었다. 이런 경험은 트라우마가 되어 그가 앞으로 경제적 문제를 해결하기 위해 다시 도움을 구할 가능성을 아예 차단해 버린다.

결국 이런 콘텐츠의 목적은 출연자의 재무 개선이 아니라 시청자의 재미에 있다. 안타깝게도 제작진에게는 따뜻한 격려보다 자극적인 폭언이 조회 수를 올리는 데 효과적인 도구가 된다.

만일 재테크 전문가나 제작진이 사람들이 경제적 목표를 달성하도록 돕고자 했다면 내담자에게 죄책감을 더하는 콘텐츠를 제작하지는 않았을 것이다. 결국 이런 방식은 사람들이 자신의 재정적 실수를 개선하기보다 오히려 숨기게 만들 뿐이다.

SNS가 지닌 또 다른 문제는 콘텐츠의 내용이 왜곡되어 있다는 점이다. SNS를 통해서만 보면 이 세상은 아주 멋진 사람들로 가득 차 있고, 낭만적이고 완벽한 커플들만 존재하며, 누구나 100평짜리 고급 주택과 고급 자동차를 소유할 만큼 부가 충분한 낙원이다. 하지만 당연하게도 현실은 그렇지 않다. 원치 않는 일도 감내해야 하고, 때로는 내가 낳은 아이들에게 상처를 받기도 하며 뒷 범퍼가 찌그러진 낡은 자동차를 계속 몰아야 하는 구질구질한 일상의 연속이다.

나는 재테크를 주제로 이야기하는 어느 온라인 포럼의 계정을 팔로우하고 있는데 이 포럼의 회원이라면 누구나 질문과 답을 게시할 수 있어서 재테크에 대해서 함께 논의하기 좋다. 하지만 논의에 참여하는 회원들이 선의를 지녔다고 해도 결과적으로는 세상의 현실과 동떨어진 관점을 제시한다. 온라인 포럼에 참여하는 구성원 대다수는 재테크에 능숙해서 이미 상당한 부를 이뤘거나 경이로운 경제적 목표를 달성한 이들도 적지 않다. 이러한 불균형이 발생하는 이유는 간단하다. 사람은 누구나 상황이 잘 풀릴 때 자신의 재무 상태를 기꺼이 공유하고 싶어하지만 반대로 경제적 어려움을 겪을 때는 이를 철저히 숨기고 싶어한다. 결국 배움을 얻고, 더 나은 삶을 향해 서로를 도와야 할 모임이 정작 도움이 가장 절실한 이들의 현실은 외면하게 만드는 모순에 빠지고 만다.

나는 이러한 현상이 교실에서도 매일같이 반복되는 것을 목격한다. 내용을 이해하고 정답을 아는 학생은 늘 손을 든다. 교사인 나와 반 친구들 앞에서 인정받는 즐거움을 알기 때문이다. 이는 학생들의 과시욕 때문이 아니라 그저 인간의 본성일 뿐이다. 하지만 안타깝게도 정답을 알고 계속 손을 드는 영특한 학생으로 인해 다른 학생들은 학습이 한층 더 어려워진다.

내가 학생에게 도움을 주려면 그가 어느 지점에서 이해를 못하는지 파악해야 한다. 하지만 대개 학생들은 이해하지 못한 부분을 굳이 손을 들어 말하려고 하지 않는다. 특히 막힘 없이 정답을 외치는 아이들이 분위기를 주도할 때는 더욱 그렇다. 수업 내용을 빠르게 습득하는 학생만 수업에 참여하다 보면 마치 모든 학생이 수업 내용을 완벽하게 이해하고 있다는 착각에 빠지기 쉽다. 실상은 내용을 더 자세히 설명해주는 게 아이들에게 도움이 되지만 아이들은 단지 잘 모른다는 이유만으로 근거 없는 수치심을 느낀다.

안타깝지만 성인들도 내가 가르치는 학생들과 크게 다르지 않다. 우리의 자아는 성공한 듯한 모습만 과시하고, 결점은 숨기고 싶어한다. 생각해 보라. 다이어트와 운동 이야기를 하는 SNS 모임에 들어갔는데, 어느 회원이 방금 에베레스트산에 올랐다는 글을 올리고, 또 다른 회원은 보스턴 마라톤을 완주했다는 글을 올린다. 이런 분위기에서 어떻게 글을 올리겠는가? 고작 소시지 맥머핀을 두 개 먹고 싶은 유혹을 참고 하나만 먹은 것이 오늘의 유일한 성취인 사람이 말이다. 사실 모임 내에서 운동에 관한 조언이 필요한 사람은 이들이다. 하지만 정작 조언을 구하지 않을 가능성이 크다. 모두가 세계적인 운동선수처럼 보이는 이곳에서, 자신만 홀로 동떨어진 게으름뱅이라는 생각에 깊이 위축되어 버리기 때문이다.

재테크를 할 때 이 점을 명심해야 한다. 돈 문제가 있는 사람은 굳이 그럴 필요가 없는데도 자신이 처한 상황을 부끄러워하고 숨기려 한다. 나만 빼고 모두 경제적으로 성공한 것으로 보이겠지만, 장담하건대 생각보다 많은 사람이 생계를 유지하는 데 어려움을 겪고 있다. 우리가 접하는 정보는 온통 장밋빛으로 덧칠되어 있다. 그 모습이 우리 사회를 대표하는 게 아닌데도 말이다.

믿기 어렵다면 현실을 있는 그대로 보여주는 다음 통계를 확인해 보자.

- 미국인의 65%는 하루 벌어 하루 먹고살기 바쁘다.[3]
- 미국인의 37%는 400달러의 예상치 못한 지출조차 감당하지 못한다.[4]
- 미국 성인의 56%는 신용 점수가 하위권에 머물러 있다.
- 미국인은 평균 6501달러의 신용카드 빚을 지고 있다.[5]
- 미국 성인의 28%는 은퇴 이후를 위한 저축액이 단 1달러도 없다.[6]

이런 통계를 본다고 해서 내 형편이 나아지는 건 아니다. 통계를 보기 전이나 지금이나 여전히 빈털터리거나 빚에 허덕이고 있을지도 모른다. 하지만 뉴스나 SNS에서 비추는 낭만적이고 이상적인 삶은 현실과 다르다는 점은 분명히 알 수 있다.

부자처럼 보일 것인가, 진짜 부자가 될 것인가

부끄럽지만 나는 요즘도 고등학교 시절 인기가 많았던 한 친구를 자주 떠올린다. 그리고 그가 나를 멋진 사람으로 봐주길 바라는 마음을 품고 있다. 비록 그가 지금은 상습적인 음주 운전으로 교도소를 자주 들락거리는 신세이기는 하지만 말이다. 논리는 차치하고 내 안의 아이는 여전히 때 지난 인정을 바란다. 나이와 상관없이 많은 사람이 이런 인정 욕구에 시달린다. 여전히 누군가에게 멋져 보이고 싶어 안달하고 이 덧없는 욕망을 채우려다 결국 경제적으로 형편없는 결정을 내리고 만다.

영화나 소설에 흔히 등장하는 클리셰가 있다. 주인공 부부가 오래된 차를 몰며 카페트를 나무 바닥으로 교체할 비용조차 감당하지 못해 허덕일 때, 고급 자동차와 별장을 가진 이웃을 보며 불평하는 장면이다. 만약 이처럼 다른 사람의 재산을 보고 부러워한 적이 있다면 이러한 잘못된 생각을 바로잡아야 한다. 사회가 경제적 성공의 지표로 여기는 것들 대부분이 실제로는 우리를 가난하게 만든다는 사실을 기억하라.

이러한 현상을 입증하기 위해, 많은 이가 저지르는 최악의 경제적 결정 중 하나인 자동차에 대해서 살펴보고자 한다. 자동차는 오랫동안 사회적 지위를 나타내는 상징물이었다. 고급 세단이나 신형 SUV를 모는 사람은 경제적으로 성공한 사람처럼 보인다. 반면 오래된 자동차나 작고 수수한 소형차를 운전하면 마치 그런 고급 차량과 같은 도로를 달리는 것만으로도 감지덕지해야만 할 것 같다.

아이러니하게도 고가의 차량은 소유자의 순자산에 큰 타격을 주므로 결과적으로 소유자의 자산은 상당히 줄어든다. 자동차는 전형적인 감가상각 재산이다. 자동차가 출고되는 순간부터 차량의 가치는 처음 구입한 금액에서 속절없이 떨어진다. 대개 사람들은 멋있어 보이고 싶고 남들에게 부를 증명하고 싶어서 비싼 자동차를 구매하지만 정작 그 선택은 부를 쌓는 길을 가로막는다.

관점을 바꿔서 보면 비싼 자동차를 구매하는 일이 얼마나 불합리한지 알 수 있다. 누군가 주가가 하락할 게 뻔한 주식에 투자한다고 해 보자. 그 주식을 사면 막대한 돈을 잃는 게 확실하지만 적어도 남들 눈에는 부유하고 멋있어 보일지도 모른다. 그렇다면 이 주식에 투자해야 하는가?

물론 저렴한 자동차도 순자산을 깎아먹는다. 하지만 고급 자동차와 비교하면 비용이 압도적으로 적게 들고 대출금도 훨씬 빠르게 상환할 수 있다. 빚에서 빨리 벗어난다는 것, 이는 부를 쌓는 여정에서 커다란 한 걸음을 의미한다.

나 역시 저렴한 축에 속하는 차량을 몰고 있는데 3년 전에 할부금을 전부 갚았다. 앞으로 최소 7년은 이 차를 더 탈 계획이다. 기계적으로 큰 결함이 생겨 폐차해야 하는 상황만 오지 않는다면, 10년 동안 자동차 할부금이라는 지출 없이 지내는 셈이다. 반면에 내 이웃은 고급 차량 두 대를 샀고 새 자동차들의 대금을 10년에 걸쳐 상환하기로 했다. 그가 테슬라와 포드 F-150을 샀다고 해 보자. 매달 갚아야 할 원리금은 상상을 초월한다. 대략 월 1000달러(약 140만 원), 연간으로 치면 1만 2000달러를 내야 한다.

그에 반해 나는 10년 동안 무려 12만 달러를 아끼게 된다. 만약 이 돈을 매달 1000달러씩 주식에 투자한다면 연평균 수익률을 10%로 가정했을 때, 10년 뒤에는 약 21만 달러 라는 든든한 자산이 형성될 가능성이 크다. 또 이 돈을 주식에 투자한 상태로 20년 동안 둔다면 추가로 돈을 입금하지 않아도 복리의 힘 덕분에 약 140만 달러라는 거금이 된다.

지금 몰고 있는 차를 오래 타고, 새 차를 사는 데 들어갈 돈을 미래에 투자하는 것. 이 단순한 선택 하나가 평범한 사람을 부자로 만드는 결정적 열쇠다.

겉모습만 보는 이들은 이웃집에 주차된 차를 보고 부의 상징이라 여긴다. 하지만 실상을 예리하게 관찰해 보면 그 고급 자동차는 순자산을 갉아먹는 거대한 부채에 불과하다는 사실을 알 수 있다. 이러한 함정에 빠지지 마라. 값비싼 물건을 가졌다고 해서 그 사람이 부자라는 뜻은 아니며, 심지어 그런 물건을 가질 경제적 여유가 있다는 것도 아니다.

다른 사람이 부자처럼 보이려고 애쓸 때 진짜 부자가 되기 위해 노력하라.

월세는 버리는 돈인가, 투자를 위한 기회인가

어릴 적 내 꿈은 프로 미식축구 선수였다. 승리를 결정짓는 터치다운을 꿈꾸며 축구화를 신은 채 잠들곤 했지만, 현실은 냉정했다. 졸업반이 되어서도 내 체격은 중학생 수준에 머물렀다. 고교 시절 가장 기억에 남는 장면은 경기 종료 직전, 골라인을 고작 1미터 앞두고 공을 놓쳐 패배의 원흉이 된 순간이었다. 그렇게 꿈은 막을 내렸다.

프로 미식축구 선수가 되겠다는 꿈을 포기하는 건 괴로운 선택이었지만, 지금 와서 돌이켜 보면 이룰 수 없는 꿈을 좇는 것보다는 훨씬 더 나은 결정이었다. 그런데 요즘 들어 실현 가능성이 희박한 목표를 좇으며 현실과 동떨어진 기대를 하는 사람이 많이 보여서 안타깝다.

결혼식 비용을 예로 들어보자. 2024년 기준 평균 결혼 비용

 난생처음 시작하는 돈 공부

은 3만 3000달러(약 4620만 원)다. 미국인의 65%가 하루 벌어 하루 먹고살기 빠듯한 현실을 보면 문제점이 눈에 띈다. 이런 상황에서 마주하게 되는 선택지는 보통 다음과 같다.

A. 소규모로 감당할 수 있는 예산 안에서 결혼식을 올린다.
B. 결혼식을 생략한다.
C. 결혼식 비용을 신용카드로 결제하고, 더 깊은 부채의 늪으로 빠진다.

결혼에 대한 기본적인 기대치와 함께 SNS에서 쏟아지는 화려한 결혼식을 끊임없이 접하다 보면 사람들은 대개 가장 비싼 선택지를 고르게 된다. 그러면 결혼식 비용은 급격히 늘어나고 이에 따라 기대치를 조정할 수밖에 없다.

화려한 결혼식을 고집하는 이들은 집을 살 여유가 있는데도 월세를 사는 건 돈을 버리는 짓이라며 참견할지도 모른다. 이건 잘못된 생각이다.

월세보다 자가가 낫다는 주장이 성립하려면, 매달 내는 주택담보 대출상환액이 월세보다 낮거나 수중의 목돈을 주택 계약금으로 묶어두는 것보다 더 생산적으로 굴릴 방법이 없어야 한다. 하지만 현실에서는 대출상환액이 월세보다 높은 경우가 허다하며 그 목돈을 투자해 더 큰 수익을 낼 기회 또한 충분하다.

실제 수치를 살펴보자. 2024년 미국의 표준적인 주택 가격인 41만 1800달러(약 5억 7789만 원)[7]을 기준으로 보면 월 대출상환액은 2700달러(약 378만 원)였던 반면 전국 평균 월세는 1980달러(약 277만 원)였다. 월세가 대출상환액보다 매달 720달러나 저렴하다는 뜻이다.[8]

흔히 월세와 자가 중 하나를 선택해야 하는 상황을 가정해보자. 집을 사는 건 부동산 투자와 같다. 시간이 흐르면 집값은 오르기 마련이지만 집을 구매하려면 매매가의 10%인 약 4만 1000달러를 계약금으로 묶어둬야 한다. 게다가 월세보다 비싼 금액을 월 대출상환액으로 지불해야 한다.

반면 월세로 살면 집에 대한 지분은 없어도 여유 자금을 굴릴 수 있다. 계약금으로 쓰려던 목돈, 4만 1000달러에서 3만 5000달러를 주식에 투자하고, 매달 아낀 720달러도 대출 상환 기간인 30년 동안 꾸준히 투자한다고 해 보자. 연 8~10% 수익을 가정하면 30년 뒤 자산은 약 140만~200만 달러에 달하게 된다. 30년 뒤 집값이 이보다 더 높게 형성될지는 미지수다.

물론 여기에는 수많은 변수가 작용한다. 자가를 소유하는 쪽을 지지하는 사람은 월세 상승 폭이나 노후의 주거비 부담을 걱정하고, 월세를 지지하는 이들은 대출 이자와 재산세, 막대한 유지 보수 비용을 지적한다. 양쪽 모두 일리가 있지만 여기서 강조하고 싶은 점은 월세가 결코 '버리는 돈'이 아니라는 사실이다. 특히 그만큼 아낀 돈을 다른 곳에 영리하게 투자하고 있다면 더더욱 그렇다.

월세를 부정적으로만 보는 시각은 수많은 이에게 불필요한 재정적 불안감을 심어준다. 안 그래도 삶이 팍팍한데 월세를 낼 때마다 생돈을 버린다는 소리까지 들으면 사람들은 자책에 빠질 수밖에 없다.

주택 구입 비용이 얼마나 터무니없이 올랐는지에 대해서는 7장에서 자세히 이야기할 것이다. 다만 분명히 알아두어야 할 점이 있다. 안타깝게도 이제 집을 소유하는 일은 과거보다 훨씬 비용이 많이 드는 일이 되었으며 누구나 당연하게 누릴 수 있는 선택지가 아니라는 사실이다.

마지막으로 자녀 양육 역시 오늘날 엄청난 경제적 부담을 주는 일이 되었다. 2024년 기준 미국의 평균 양육비는 연간 1만 6700달러(약 2337만 원)에 달하며, 지역에 따라서는 2만 달러를 웃돌기도 했다.[9] 한 동료 교사는 셋째를 낳은 뒤 아예 일을 그만두었다. 쏟아부어야 할 양육비가 너무 커서 교직을 유지하는 게 오히려 가계에 손해였기 때문이다. 정규직 교사로 일해서 받는 연봉보다 세 자녀의 양육을 맡기는 비용이 더 컸던 셈이다.

지금까지 언급한 결혼, 주택 구매, 양육비 외에도 자동차, 보험, 식비, 의료비 등 지출 목록에 넣어야 할 항목은 끝이 없다. 이 모든 비용이 과거보다 큰 부담이 된 탓에 이제는 전보다 훨씬 더 신중하고 검소한 소비 생활을 해야 한다. 예전에는 돈 관리에 무지하거나 무모하게 소비하더라도 내 집 마련이나 자동차 구매를 포기하는 정도에 그쳤지만, 오늘날에는 월세를 내지 못하거나 80세가 넘도록 일을 계속해야 하는 생존의 문제가 되었다.

이러한 현실에 좌절감이 들 것이다. 하지만 이 상황에 분노한다고 해서 현실이 바뀌지는 않는다. 세상은 변했고, 생활비는 급격히 상승했다. 이제는 현재 상황에 맞춰 경제적 기대치를 처음부터 다시 점검해야 할 때다. 변화하는 세상에 잘 적응하려면 자신의 경제 상황을 명확히 파악하고 이해해야 한다. 다음 장에서는 구체적으로 재정 상황을 이해하고, 가장 중요한 경제적 목표의 우선순위를 정하는 데 도움이 될 내용을 살펴본다.

결론만 모아보기

- **경제적 성공은 생각보다 가까이에 있다.** 매달 200달러를 모으면 복리 덕분에 30년 후에는 약 100만 달러를 모을 수 있다.

- **부의 겉모습에 속지 마라.** 비싼 물건을 과시하는 이들은 보이는 것과 달리 부유하지 않으며 막대한 부채에 시달리는 경우가 많다. 반면 평범한 차를 타고 소박한 집에 사는 이들이 오히려 실질적인 부를 누리

　난생처음 시작하는 돈 공부

며 금전적 스트레스 없이 살아간다.

· **부를 쌓는 과정은 지루하다.** 한순간에 부자가 되려고 하지 마라. 일확천금을 노리기보다 장기간에 걸쳐 묵묵히 투자하는 태도가 부유해지는 유일한 길이다.

· **다른 사람과 비교하지 마라.** 주변 모두가 큰돈을 버는 것처럼 보여도, 실상은 대다수가 경제적 어려움을 겪고 있으며 금융 지식 또한 부족한 상태다.

· **과거의 기준을 버리고, 오늘날의 현실에 적응하라.** 과거에 비해 삶을 유지하는 데 비용이 많이 든다. 많은 이가 당연하게 여겼던 결혼, 집, 양육 등 경제적 기대치들은 지금보다 훨씬 물가 부담이 적었던 시대의 일이다. 이제는 오늘날의 경제적 현실에 맞춰 자신의 기대치를 재조정해야 한다.

2장

돈의 우선순위를 정하라

: 타인의 시선을 신경 쓸 나이는 이미 지났다

재무 상태를 점검하려고 정보를 찾아보다가 오히려 이전보다 더 깊은 불안감에 휩싸이는 경우가 있다. 흔히 접하는 재테크 지침을 살펴보면 월세가 소득의 20~30%를 넘지 않아야 한다거나 40세가 되면 연봉의 3배에 달하는 금액이 퇴직연금 계좌에 있어야 한다는 식의 기준을 제시한다. 그리고 이런 내용을 접하면 당연히 당혹감을 넘어 좌절감을 느끼기 쉽다. 이는 일반인의 경제적 현실과는 완전히 동떨어진 이야기처럼 들리기 때문이다. 안타깝게도 이러한 지침들은 아무리 노력해도 경제적 자유를 얻는 것은 불가능하다는 체념을 하게 만든다.

그렇다면 이토록 가혹한 현실에서 굳이 경제적 자유를 꿈꾸고 노력해야 할 이유가 있을까?

평균의 함정에 속지 마라

이러한 현상은 '평균의 함정'이 초래하는 전형적인 문제를 보여준다. 1940년대 말, 미국 공군에서는 비행 중인 전투기가 추락하는 사고가 유례없이 빈번하게 발생했다. 공군 측은 조종석 설계가 잘못된 탓에 조종사들이 전투기를 효과적으로 조종하지 못하는 것이 원인이라고 판단했다. 문제를 해결하기 위해 공군은 조종사 4,000여 명을 대상으로 신장, 허리둘레, 엄지손가락 길이 등 다양한 신체 치수를 측정했다. 이를 통해 모든 조종사에게 적합한 '이상적인 크기'의 조종석을 설계하고자 한 것이다.

하지만 조사 결과는 예상 밖이었다. 측정 대상자 4,063명 중 모든 항목에서 평균 범위에 들어가는 사람은 아무도 없었다. 키가 평균이면 허리둘레가 달랐고, 또 허리둘레가 평균이면 손가락 길이가 평균을 벗어나는 식이었다. 결국 모두를 위해 설계된 '표준 조종석'은 그 누구에게도 맞지 않는 결과물로 남았다.[10]

재테크 조언 역시 대개 이런 식으로 실패한다. 재테크 전문가들은 표준 모델을 만들기 위해 평균 임금, 평균 자녀 수, 평균 수명 등을 가정한다. 하지만 모든 항목에서 이 기준에 정확히 들어맞는 사람이 얼마나 되겠는가? 어떤 이는 급여가 적고, 어떤 이는 돌봐야 할 가족이 있으며, 또 어떤 이는 학자금 대출금이 평균보다 세 배 더 많기도 하다. 이처럼 개개인이 처한 경제적 상황이 다르기에, 반드시 자신만의 특수한 상황을 이해하고 그 현실에 맞는 기대치를 설정해야 한다.

원하는 걸 모두 가질 수는 없다

경제학자 밀턴 프리드먼Milton Friedman과 롤링 스톤스 믹 재거

 난생처음 시작하는 돈 공부

Mick Jagger는 '희소성'의 개념을 잘 알고 있었다. 사회든 개인이든 욕구는 무한하지만 이를 충족할 자원은 한정되어 있다는 사실 말이다. 롤링스톤스의 노래 〈You Can't Always Get What You Want〉도 있다. "원하는 걸 항상 가질 수는 없다." 재테크와 관련된 조언들은 이런 보편적인 진리를 무시하곤 한다. 은퇴 전까지 주택 대출금을 모두 갚아야 하고, 자녀의 대학 등록금을 마련하기 위해 529 저축 계좌529 plan*를 개설해야 하며 월급의 최소 15%는 노후를 위해 저축해야 한다는 이야기를 흔히 듣는다. 하지만 이 모든 목표를 달성하기 어렵다는 사실을 솔직하게 이야기해주는 재테크 전문가는 거의 없다. 이 점을 깨달았다면 이제 경제적 우선순위를 따져보고 나에게 가장 중요한 목표가 무엇인지 살펴봐야 한다.

이 내용을 좀 더 자세히 보자. 미국의 중위 가구 소득은 7만 4600달러(약 1억 440만 원)다.[11] 세후 월 수입은 5000달러(약 700만 원) 정도다. 이 통계 수치 하나만 보더라도 재정 관련 자료가 얼마나 다양하고 미묘한 차이가 있는지 알 수 있다. 우선, 가구는 자녀 없는 1인 가구일 수도 있고, 세 자녀를 둔 기혼 부부 가정일 수도 있다. 양쪽 모두 하나의 가구로 분류되지만, 지출

---

* 미국의 교육비 전용 비과세 저축 상품. 비슷하게 한국은 미성년 자녀 증여세 면제 한도를 활용하라는 조언을 종종 듣는다. 자녀 명의 주식·펀드 계좌나 ISA(개인종합자산관리계좌)의 비과세 혜택을 이용해 교육비를 마련하라는 것이다.

구조와 경제적 우선순위는 완전히 다르다.

자녀가 없는 독신이라 해도 이 월급으로 모든 경제적 목표를 달성하는 건 불가능에 가깝다. 월세 2000달러[12]와 자동차 할부금 600달러[13], 식비 800달러[14]를 내고 나면 1600달러가 남는다. 이 잔액으로 건강보험, 자동차 보험, 주유비를 내고 은퇴 자금을 모으고, 내 집 마련을 위한 계약금을 저축해야 한다. 게다가 학자금 대출이 있을 수도 있고, 평균 월세가 2000달러가 넘는 도시에 사는 사람이라면 상황은 더 나빠진다. 다시 말하지만, 이 사람은 부양할 자녀가 없다. 핵심은 재테크 전문가가 추천하는 목표들을 전부 달성할 만큼 돈을 많이 버는 사람은 거의 없다는 점이다. 그러니 전문가들의 기준에 미치지 못한다고 해서 자책할 필요는 없다.

물려받은 돈 없이 일반적인 수준의 급여를 받는 사람이 집도 사고, 매년 휴가도 가고, 은퇴 이후의 멋진 삶을 누리기 위해 투자도 하고, 여기에 자녀의 대학 등록금을 내기 위해 저축까지 하려 한다면 어떨까? 아마 무엇 하나 제대로 이루지 못할 가능성이 크다. 각각의 목표에 소액씩 분배할 수밖에 없을 테니 말이다.

하지만 한두 가지 목표에만 집중한다면 그 목표를 이룰 가능성은 확연히 커진다. 자신이 처한 경제적 상황을 파악하고, 가장 중요한 목표에 집중해야 하는 이유가 바로 여기에 있다.

  난생처음 시작하는 돈 공부

예를 들어 집을 사는 게 가장 중요한 목표라고 해 보자. 매매 계약금으로 낼 수 있는 돈이라고는 은행 계좌에 있는 400달러뿐인데도 부동산 매물을 소개해주는 앱을 설치해 등록 매물을 끊임없이 살피는 사람이 있다. 그래도 아무 문제 없다. 다만 집을 사는 게 진짜 경제적 목표라면 이를 위해 상당한 비용과 노력이 따른다는 점을 인지해야 한다. 집 구매에 필요한 잠재적 비용은 다음과 같다.

- **은퇴 이후의 삶이 덜 풍족할 수 있다** 주택 매매 계약금을 마련하거나 대출금을 갚느라 저축할 여력이 줄어들기 때문이다.
- **매년 꿈꾸던 화려한 휴가 대신 소박한 여행에 만족해야 한다** 비행기를 타고 떠나는 여행 대신 주말에 차로 다녀올 수 있는 가까운 곳으로 휴가의 기준을 낮춰야 할 수도 있다.
- **고급 세단 대신 실속 있는 중고차를 선택해야 한다** 번쩍이는 새 차 대신 연비가 좋고 가격이 저렴한 작은 차로 눈을 돌려야 한다.
- **자녀가 스스로 부담해야 할 몫이 늘어난다** 부모의 자산이 집에 묶여 있다면, 자녀가 학자금 대출 등을 통해 직접 해결해야 할 비용이 많아질 수밖에 없다.

이 목록을 보고 나면, 집을 사기 위해 이 중 하나를 포기하는 건 미친 짓처럼 느껴질지도 모른다. 그렇게 생각해도 괜찮다.

그런 사람에게는 자가를 소유하는 것보다 화려한 휴가를 즐기거나 편안한 노후를 보내는 게 훨씬 중요하기 때문이다. 이런 가치관을 가졌다면 집을 사야 한다는 강박에서 벗어나서 자신이 중요하다고 생각하는 핵심 가치에 돈을 써야 한다. 정작 중요하게 생각하지 않는 곳에 돈을 낭비하다 보면 정작 가장 원하는 것은 손에 넣지 못할 가능성이 크다.

목표의 가짓수를 줄여 우선순위를 정하면 심리적인 이점도 생긴다. 앞서 살펴보았던 것처럼 경제생활의 모든 면에서 성공을 거두려 애쓰다 보면 무엇 하나 제대로 이루지 못할 수 있다. 이런 실패가 반복되면 결국 낙심하게 되고, 아무리 노력해도 소용없다는 생각에 자산 관리 자체를 포기하고 싶어진다. 그러니 모든 목표를 이루려 하는 대신 한두 가지 목표에만 집중하자. 그렇게 목표를 달성해나가는 경험을 하면, 자신의 노력이 실제로 재정적 성과로 이어진다는 확신이 생겨 동기부여가 될 것이다.

목표를 우선순위에 따라 설정한다는 게 어떤 의미인지 다음 사례를 통해 살펴보자. 35세 여성 조시는 자녀가 없으며, 세후 월 소득은 5000달러다. 안타깝게도 조시는 지금까지 자산 관리를 잘해오지 못했다. 그래서 노후 대비는 물론 주택 마련을 위한 저축도 전혀 없는 상태다. 아래 표는 조시의 현재 월간 예산 현황이다.

조시의 현재 예산을 보면 매달 4300달러를 소비하므로, 월급에서 남는 금액은 700달러다. 조시가 이미 3개월 치 지출액만큼 비상금을 모아두어서, 남은 700달러를 다른 곳에 쓸 수 있다고 가정해 보자. 조시에게는 세 가지 경제적 목표가 있다. 안락한 노후, 내 집 마련, 그리고 매년 떠나는 유럽 여행이다. 안타깝지만 현실적으로 매달 남는 700달러로는 이 세 가지 목표를 모두 달성할 수 없다.

<표 2-1> 조시의 예산	
분류	월 비용
월세	1800달러
교통비	700달러
식비	700달러
보험료	200달러
인터넷 사용료	100달러
통신비	100달러
오락비	200달러
공과금	150달러
기타 비용	350달러
총액	**4300달러**

만일 조시가 세 가지 목표를 다 이루기로 결심했다면 급여에서 남는 700달러를 세 가지 바구니에 나누어 담아야 한다. 200달러로 은퇴를 대비하고, 300달러로 주택 계약금을 마련하며, 나머지 200달러로 유럽 여행을 준비한다. 은퇴를 대비해 매달 투자하는 200달러는 조시가 65세가 되었을 때 40만 달러(약 5억 6000만 원)로 불어나 있을 것이다. 나쁘지 않은 금액이지만, 이 정도로 호화로운 노후를 즐기기는 어렵다. 게다가 주택 계약금으로 매달 모으는 300달러는 정말 문제다. 매달 300달러씩 모으면 1년간 모을 수 있는 금액은 3600달러고, 5년을 모아도

1만 8000달러에 불과하다. 웬만한 도시에서 집을 사기 위한 계약금으로는 턱없이 부족한 수준이다. 그런데도 굳이 이 목표를 위해 돈을 묶어둘 이유가 있을까?

유럽 여행 또한 마찬가지다. 유럽 여행을 위해 매달 200달러씩 돈을 모으면 연간 2400달러가 모이는데 이 정도 예산으로는 유럽에서 여유롭게 머물기 힘들다. 결국 조시는 우선순위를 정하지 못한 탓에 그 어떤 목표도 제대로 이루지 못하고 말 것이다. 하지만 만약 조시가 내 집 마련이라는 목표를 내려놓고, 은퇴 대비에 매달 500달러씩 투자한다면 어떨까? 그럴 경우 은퇴할 때 100만 달러 이상을 확보할 수 있어 노후를 훨씬 풍족하게 보낼 수 있다.

여기에 유럽 여행 계획을 매년이 아닌 3년에 한 번으로 조정하고, 여행을 가지 않는 해에는 가까운 곳으로 가벼운 나들이를 떠나는 데 만족한다면 매달 200달러씩 모으는 것만으로도 충분한 휴가 자금이 마련된다.

이러한 시나리오라면 조시는 은퇴 대비라는 가장 큰 목표를 달성함과 동시에 휴가 목표도 어느 정도 달성할 수 있다. 비록 집을 사겠다는 목표는 지금 당장 포기해야 할지라도, 허투루 낭비되는 돈이 전혀 없다는 사실을 확인하는 것만으로도 조시는 심리적인 평안을 얻을 수 있을 것이다.

처음 자산 상태를 점검할 때 나는 학자금과 자동차 대출 상

　　　　　　　　난생처음 시작하는 돈 공부

환에 집중했다. 몇 년 동안 최소한의 금액만 상환하고 있었는데 시스템 자체가 잘못된 것 같다는 생각이 들었다. 대출 원금이 체감될 만큼 줄어들지 않았기 때문이다. 매달 150달러를 상환해도 대출 원금은 고작 40달러밖에 줄어들지 않았다. 이렇게 상환하다 보니 내 노력이 헛수고인 것처럼 느껴졌다. 하지만 예산을 짜기 시작하자 매달 몇백 달러 정도 여유 자금이 생겼고, 이 돈을 대출금을 갚는 데 쓸 수 있었다.

추가로 상환한 금액은 곧장 원금을 갚는 데 쓰였고, 마침내 대출 원금이 줄어들기 시작했다. 추가로 200달러를 상환하면 대출 원금이 정확히 200달러씩 줄어들었다. 이런 긍정적인 변화는 자산 관리에 더욱 몰입하게 만드는 선순환으로 이어졌다. 대출 원금이 줄어드는 게 눈에 보이자 대출금 상환에 더 많은 금액을 쓰고 싶어진 것이다. 그래서 사소한 지출 몇 가지를 더 줄였고 대출을 전부 상환할 수 있는 실질적인 방법이 보였다. 절대 다 갚지 못할 거라며 자포자기했던 태도에서 벗어나서 내가 빠진 늪에서 탈출할 분명한 계획을 세우고 의욕적으로 임하게 된 것이다. 경제적 목표를 달성하려면 목표를 명확히 세워야 한다. 모든 것을 다 이루기 위해 욕심내기보다 자신이 가장 가치를 두는 것 하나에 집중해야 한다. 다음은 사람들이 흔히 갖는 경제적 목표들이다. 모든 목표를 다 담은 것은 아니지만, 주요한 항목 위주로 몇 가지 소개한다.

<경제적 자유의 우선순위>

1. 내 집을 마련한다.

2. 조기 은퇴를 실현한다.

3. 은퇴 후 풍요로운 생활을 누린다.

4. 자녀 교육비를 전액 지원한다.

5. 모든 부채를 상환한다.

6. 2년에 한 번은 화려한 휴가를 떠난다.

7. 꿈꾸던 결혼식의 비용을 마련한다.

8. 부모님이나 조부모님의 노후 비용을 책임진다.

뒤의 5장에서 구체적인 재정적 목표를 세우는 방법을 자세히 다루겠지만 우선은 머릿속으로 달성하고 싶은 경제적 목표들의 순위를 매겨 보자. 그리고 한 가지 목표를 이루기 위해서는 다른 목표를 포기해야 할 가능성이 크다는 사실을 반드시 이해해야 한다.

원하는 목표에 도달하려면 이처럼 진지한 의사결정 과정이 필요하다. 다음 장에서는 목표를 정하지 못한 채 우유부단하게 시간을 보낼 때 치러야 하는 비용에 대해 중점적으로 살펴볼 것이다.

- **자신이 처한 상황을 객관적으로 파악하라.** 기본적인 재테크 조언은 도움이 되지만, 내 상황에 완벽하게 들어맞을 가능성은 낮다.

- **아쉽게도 꿈꿔왔던 모든 걸 손에 넣지는 못한다.** 모든 걸 손에 넣는 것은 비현실적인 일이다. 일부 목표를 내려놓는 것은 아쉬운 일이지만, 그렇게 하면 다른 꿈을 이룰 수 있다.

- **우선순위를 정하고, 달성 가능한 목표에 집중하라.** 구체적인 목표 없이 마구잡이로 저축하는 사람이 너무 많다. 무엇을 위해 저축하는지, 그리고 어떻게 저축해야 할지 분명히 알아야 한다.

3장

모든 일에는 다 때가 있다

: 우유부단함은 잘못된 결정보다 큰 대가를 치른다

선택지가 많은 건 언뜻 보기에 좋을 수 있다. 표면상 수많은 선택지는 일상에 다양성을 불어넣고, 새로운 것을 탐색하게 한다. 그런데 정말 그럴까?

이제는 여러 OTT를 통해 수천 편의 영화와 드라마를 볼 수 있지만, 나는 TV 앞에 앉을 때면 드라마 〈더 오피스〉(2005)만 계속 돌려본다. 내 생각에 같은 드라마만 반복해서 보는 건 선택지가 너무 많아서가 아니라 너무 많은 선택지가 '있기 때문'인 것 같다. 끝없이 늘어선 영화와 드라마 목록을 보면 질려버리는 탓에 편안함을 느끼는 익숙함을 고집하게 되는 것이다.

수익률보다 중요한 '일단 시작'하는 일

내 주변에는 생각이 많기로 유명한 친구가 있다. 그 친구는 쉬는 날이면 자유 시간을 어떻게 보낼지 마음속으로 온갖 계획을 세운다. 하지만 진짜 문제는 목록을 다 완성하고 나서 시작된다. 일의 순서를 정하는 데 지나치게 집착하기 때문이다. 그는 어떤 순서로 움직여야 하루의 즐거움을 극대화할 수 있을지 고민하고 또 고민한다. 계획을 짜는 데 너무 많은 시간을 쏟아붓다 보니 정작 하고 싶었던 일들을 전부 해낼 시간은 부족해지고 만다. 결국 그날의 거창한 계획은 절반도 하지 못한 채 하루를 마무리하는 식이다.

이 친구의 문제는 계획을 실행하기만 하면 완벽한 휴일을 보낼 수 있다고 믿는 데 있다. 그런 완벽한 날이 존재한다고 스스로를 속이는 바람에 도리어 스트레스를 받고 자칫 이 기회를 망칠까 봐 불안해한다. 하지만 아이러니하게도 이런 생각이야말로 계획했던 일을 하는 데 방해가 된다.

선택지가 많을 때 발생하는 또 다른 문제는, 결정을 미루느라 아무것도 선택하지 않을 수도 있다는 점을 간과한다는 점이다. 예를 들어 휴일에 할 수 있는 일이 콘서트 가기, 영화 보기, 소풍 가기 이렇게 세 가지가 있다고 해 보자. 친구는 각각의 장단점을 비교하는 데 집중하느라 눈앞에 닥친 네 번째 선택지를 완전히 놓치고 만다. 그건 바로 아무것도 하지 않는 것이다. 결정을 내리지 못하고 지나치게 깊이 생각하다 보면 결국 아무것도 하지 못할 가능성이 점점 더 커진다.

소풍을 가는 게 더 재밌을 것 같았는데, 이번에는 콘서트에 가기로 했다고 해 보자. 사실 두 선택지 사이의 즐거움 차이는 미미하다. 그러니까 아무것도 안 한 것보다 뭐라도 한 게 낫다. 여가를 어떻게 보낼지 결정하지 못해서 발생하는 결과는 대수롭지 않게 넘길 수 있다. 하지만 재정 관리에서 결정을 내리지 못하면 언젠가 만만찮은 대가를 치러야 한다.

몇몇 사람들은 식당에서 어떤 메뉴를 주문해야 하는지 결정하는 일조차 버거워한다. 그러니 금전 관리처럼 중대한 문제를 결정할 때 받는 스트레스는 상당히 클 것이다. 많은 사람의 마음 속에는 돈 문제에 관해 '정답'과 '오답'만 존재한다는 비합리적인 이분법이 자리 잡고 있다. 이를테면 이런 식이다. 'A를 선택하면 부자가 되겠지만, B를 선택한다면 내 인생은 망가질 거야'와 같은 식이다. 재정 관리에 관한 수많은 고정관념이 그렇듯이 이는 현실과는 완전히 동떨어진 착각일 뿐이다.

재테크의 원리를 이해하고 내용을 충분히 파악한 뒤 결정을 내린다면 아무것도 하지 않았을 때보다 훨씬 더 나은 결과를 얻게 된다. 하지만 재테크의 불편한 진실은 최고의 선택이 무엇인지 100% 확신할 수 없다는 점이다.

예를 들어 주식에 투자한다고 해 보자. 2024년 6월을 기준으로, 아마존의 주가는 지난 5년간 98% 상승했다. 그동안 월마트의 주가는 81% 올랐다. 하지만 두 종목이 앞으로 5년간 어떤 주가 흐름을 보일 것인지 확실하게 말할 수 없다. 실망스럽긴 하지만 투자할 때는 이 사실을 받아들여야 한다. 앞으로 어떤 일이 일어날지 알 수 없다.

그렇다고 해서 투자가 아무 주식에나 돈을 넣어놓고 최선의 결과를 바라는 식의 무작위적인 과정은 아니다. 재무적인 결정을 내릴 때 그 결과를 정확하게 예측하려고 애쓰기보다 내 결정이 역사적 추세와 이미 효과가 증명된 전략이 뒷받침하고 있다는 사실에 자신감을 가져야 한다.

나는 보통 저비용 인덱스 펀드에 투자하라는 조언을 하는 편이다. 이러한 이야기를 하면 몇몇 사람은 어떤 펀드를 골라야 할지 무척 궁금해하며 이런 고민을 이야기한다. "잘못된 펀드를 골라서 투자를 망치고 싶지 않아요."

하지만 S&P500를 추종하는 저비용 인덱스 펀드라면 어느 상품을 선택하든 수익률은 비슷하다. 그럼에도 불구하고 고민에 빠진 이들은 '객관적으로 정답인 펀드'와 '오답인 펀드'가 따로 있다는 이분법적인 함정에 빠지고 만다.

다음 도표를 통해 주요 인덱스 펀드 3종의 5년간 수익률을 비교해 보자. 비교 대상은 피델리티Fidelity의 FNILX(제로 대형주 인덱스 펀드), 뱅가드Vanguard의 VFIAX(S&P500 인덱스 펀드), 그리고 찰스 슈왑Charles Schwab의 SWPPX(S&P500 인덱스 펀드)다. 참고로 상품명 옆에 붙은 영문 대문자는 주식처럼 펀드를 이름 대신 간편하게 검색할 수 있도록 만든 종목 코드다.

이 상품은 'S&P500 인덱스 펀드 상위 상품'이라고 검색했을 때 가장 상단에 노출된 항목들이다. 또한 나는 현재 뱅가드 펀드에 직접 투자하고 있음을 미리 밝혀둔다. 하지만 설령 뱅가드

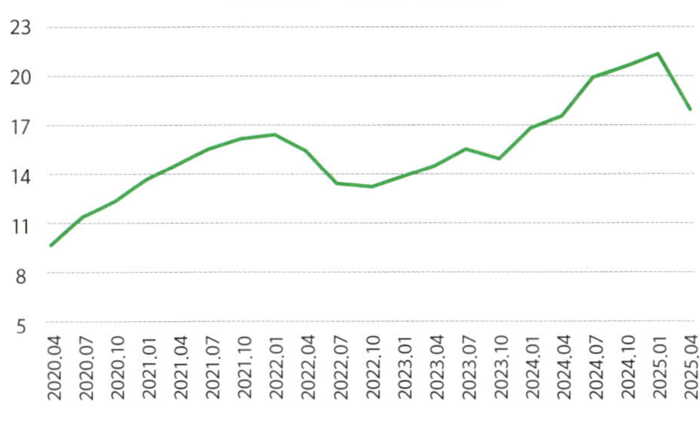

<도표 3-1> 피델리티 FNILX

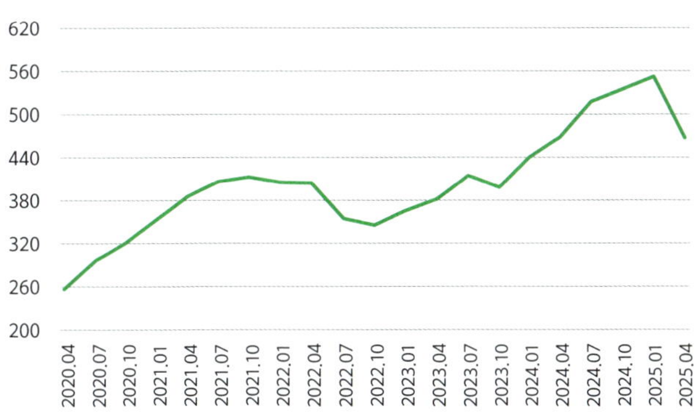

<도표 3-2> 뱅가드 VFIAX

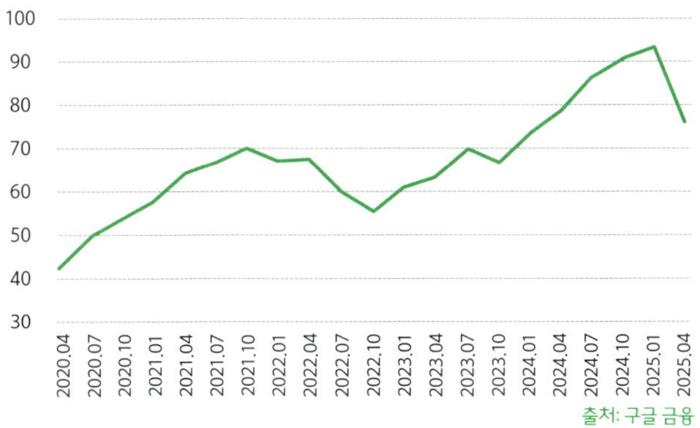

<도표 3-3> 슈왑 SWPPX
출처: 구글 금융

가 아닌 다른 두 상품 중 하나에 투자했더라도 마찬가지로 만족했을 것이다.

또한 각 도표의 y축(세로축)에 표시된 숫자 값은 펀드마다 설정된 기준 가격이나 초기 투자 금액의 설정값이 다르므로 서로 차이가 있을 수 있다. 그러나 주목해야 할 점은 숫자의 절대적인 크기가 아니라 **그래프가 그려내는 곡선의 모양**이다.

세 가지 도표에서 눈에 띄는 특징을 발견했는가? 예상했겠지만 모든 인덱스 펀드는 거의 비슷한 성과를 내고 있다. 세 펀드 모두 동일한 지수를 추종하기 때문에 상승과 하락의 기울기가 놀라울 정도로 일치한다. 피델리티 상품은 5년간 약 82%의 수익률을 기록했으며, 뱅가드와 슈왑은 각각 약 78%의 수익률을 기록했다.

이 수치를 보고 피델리티 수익률이 약간 높다는 점에 주목하여 이렇게 말하는 사람도 있을 것이다. "봐, 피델리티가 정답이었고, 나머지 두 상품은 오답이었어!" 하지만 이는 매우 근시안적인 판단이다.

첫째, 5년이라는 시간이 흐른 뒤에야 피델리티 상품을 선택하는 것이 결과적으로 더 나은 결정이었음을 알게 되었을 뿐이다. 물론 지금 시점에서는 피델리티 상품이 약간 더 높은 수익률을 냈다고 확실히 말할 수 있다. 하지만 투자를 시작하던 5년 전에는 이러한 결과를 100% 자신 있게 예측할 수 있는 사람은

   난생처음 시작하는 돈 공부

아무도 없었다.

둘째, 뱅가드나 슈왑의 상품을 선택했다고 해서 그것을 '잘못된' 결정이라 할 수는 없다. 뱅가드와 슈왑 역시 충분히 훌륭한 선택이었다. 만약 5년 전 두 상품 중 하나에만 투자했더라도, 현재 투자금은 거의 두 배 가까이 불어나 있을 것이기 때문이다.

진정으로 잘못된 선택이라 할 수 있는 건 고려조차 하기 두려운 네 번째 선택, 즉 세 가지 상품 중 그 어느 것에도 투자하지 않기로 한 결정이다. 이 경우에는 커다란 이익을 얻을 기회를 놓치고 말았다.

다음의 표를 살펴보자. 각 펀드에 1만 달러(약 1400만 원)씩 투자했다고 가정했을 때의 구체적인 결과다.

<표 3-1> 각 투자별 5년간 실적

투자 상품	최초 투자금	수익	5년 후 총가치
FNILX	1만 달러	8222달러	1만 8222달러
VFIAX	1만 달러	7790달러	1만 7790달러
SWPPX	1만 달러	7815달러	1만 7815달러
예금 계좌	1만 달러	237달러	1만 237달러

표에서 알 수 있듯이 지난 5년간 세 가지 인덱스 펀드는 모두 비슷한 수익을 기록했다. 이 예시에서 최고 수익과 최저 수익의

차는 겨우 400달러(약 56만 원)에 불과하다. 그럼에도 많은 이가 잘못된 상품을 선택할까 봐 스트레스를 받는다. 하지만 이번 사례를 보면 설령 인덱스 펀드를 잘못 골랐다 해도 그것은 여전히 수익성이 높은 투자라는 걸 알 수 있다.

만일 인덱스 펀드를 선택해야 한다는 것이 부담스러워서 결정을 미루고 이러지도 저러지도 못한 채 투자금을 일반 예금 계좌에 넣어두었다면 수익은 거의 발생하지 않았을 것이다. 이 경우 망설임으로 인해 치러야 할 대가는 약 8000달러에 달한다. 기간을 10년, 20년, 30년으로 늘리면 망설임의 대가는 수십만 달러 아니 심지어 수백만 달러에 이를지도 모른다. 결국 투자의 성패는 '지금 당장' 시작하는 결단력에 달려 있다. 복리의 마법은 시장에 머문 시간에서 시작되기 때문이다.

사람들이 선택의 기로에서 고민하는 또 다른 대상은 일반 Traditional 방식과 로스Roth 방식이다. 대개 퇴직연금 계좌를 고를 때 저지르는 첫 번째 실수는 두 계좌가 근본적으로 다른 투자 방식이라고 오해하는 것이다. 하지만 두 계좌의 실질적인 차이는 투자금에 대한 세금을 '언제 납부하느냐'라는 과세 시점뿐이다. 구체적인 사례를 통해 이 차이가 실제 자산에 어떤 영향을 미치는지 살펴보자.

현재 35세인 존은 연간 과세 대상 소득이 7만 달러이고, 현재 퇴직연금 계좌에는 전혀 투자하지 않고 있다. 그가 근무하는 회사에서는 일반 퇴직연금 계좌Traditional 401(k)*와 로스 퇴직연금 계좌Roth 401(k)** 중 하나를 선택해 가입할 수 있다. 존은 매년 1만 달러를 퇴직연금 계좌에 투자하고 싶어하지만 어느 쪽이 자신에게 유리할지 몰라 쉽게 결정을 내리지 못하고 있다.

일반 퇴직연금 계좌에 가입하면 투자금은 비과세로 납입된다. 즉, 존은 투자금에 관해 세금 공제 혜택을 받을 수 있다. 반면 로스 퇴직연금 계좌는 세금을 납부한 뒤 금액을 적립하는 방식이다. 즉, 당장의 세금 공제 혜택은 포기하는 대신에 훗날 투자금을 인출할 때 원금과 투자수익 전체에 대해 비과세 혜택을 적용받게 된다. 이러한 세제 차이에 따라 존이 검토할 수 있는 1만 달러 투자 시나리오는 다음과 같다.

A. **일반 퇴직연금** 존이 1년간 퇴직연금 계좌에 1만 달러를 투자하고 연말정산 시 국세청에 일반 퇴직연금 계좌 납입 사실을 신고하면, 그의 과세 대상 소득은 기존 7만 달러에서 6만 달러로 하향 조정된다. 이처럼 존은 투자금 1만 달러에 대해 즉각적인 소득

---

* 한국의 연금저축 및 개인형 IRP와 유사하다. 납입 시점에서 세액공제 혜택을 받아 연말정산 환급금을 챙길 수 있지만, 나중에 연금을 수령할 때 세금을 납부해야 한다. 당장의 가처분 소득을 늘리려는 투자자에게 유리하다.

** 한국의 ISA와 유사하다. 납입 시점의 세금 공제는 없으나 계좌 내에서 발생한 투자 수익에 대해 비과세(혹은 저율 과세) 혜택을 준다. 은퇴 시점에 자산 규모가 커질수록, 즉 투자 수익이 높을수록 로스 방식의 유리함이 극대화된다.

공제 혜택을 받게 되며, 이는 당장 올해 납부해야 할 세금이 줄어들어 당장 쓸 수 있는 현금이 늘어난 셈이다. 다만 이러한 혜택은 세금을 면제받는 것이 아니라 인출 시점까지 유예하는 것이므로, 훗날 은퇴 후 연금을 수령할 때는 해당 시점의 세율에 따라 세금을 납부해야 한다.

B. 로스 퇴직연금 로스 계좌는 세후 금액을 적립하는 방식이므로 투자한 1만 달러에 대해 별도의 세금 공제 혜택이 주어지지 않는다. 따라서 존의 과세 대상 소득은 공제 없이 7만 달러 전액 그대이며, 그는 이 소득 전체에 대한 세금을 올해 납부해야 한다. 이로 인해 일반 계좌를 선택했을 때보다 당장 수중에 남는 현금은 적을 수밖에 없다. 하지만 로스 계좌의 진가는 미래에 나타난다. 비록 올해는 더 많은 세금을 부담했지만, 은퇴 이후 로스 계좌에서 연금을 인출할 때는 투자 원금은 물론 그동안 불어난 수익 전체에 대해 단 한 푼의 소득세도 내지 않아도 되기 때문이다.

C. 어느 쪽에도 투자하지 않는 경우 존은 잘못된 선택을 할까 두려운 나머지 퇴직연금 계좌 대신 일반 예금 계좌에 1년에 1만 달러씩 저축하기로 한다.

다음의 표는 존이 앞서 언급한 세 가지 투자 전략에 따라 30년간 매년 1만 달러씩 투자했을 때의 최종 자산 현황을 보여준다. 퇴직연금 계좌(A, B안)를 선택한 존은 적립금을 인덱스 펀

　　　　　　　　　　　　　　　　　난생처음 시작하는 돈 공부

드에 투자해 10%의 수익률을 얻었다고 가정한다. 반면에 일반 예금 계좌(C안)를 선택한 경우에는 미국의 전국 평균 예금 금리인 0.47%(2026년 4월 기준)의 수익률을 적용하였다.

<표 3-2> 퇴직연금 계좌별 투자 전략

계좌	연간 투자금	30년 뒤 가치
일반 퇴직연금 계좌	1만 달러	180만 달러
로스 퇴직연금 계좌	1만 달러	180만 달러
일반 예금 계좌	1만 달러	32만 1000달러

표에서 확인할 수 있듯이 퇴직연금 계좌의 성과는 압도적이다. 투자 원금은 약 30만 달러(약 4억 2000만 원)를 조금 넘었을 뿐인데 최종 잔액은 180만 달러를 넘어섰다. 만약 존의 회사에서 퇴직연금 매칭 제도Employer Matching*를 통해 보조금을 지원했거나 연봉 인상에 맞춰 납입금이 늘어났다면 30년 뒤의 자산은 이보다 훨씬 더 불어날 것이다.

기억해야 할 점은 일반 계좌로 투자했을 경우 세금을 아직 내지 않았다는 사실이다. 대신 그는 직장 생활을 하는 동안 세금 공제 덕분에 매달 더 많은 급여를 손에 쥐었을 것이다. 반면

---

* 미국 기업의 상당수는 직원이 퇴직연금 계좌에 납입하는 금액의 일정 비율을 회사가 추가로 적립해주는 제도를 시행하고 있다. 매칭 비율과 한도는 기업의 정책에 따라 상이하다.

로스 계좌로 투자했다면 잔액은 세금을 뗀 일반 계좌와 유사하겠지만 인출 시 금액 전체가 비과세다. 그 대가로 재직 기간에는 투자금에 대한 세금을 냈으므로 수령하는 월급은 그만큼 적었을 것이다.

결국 로스와 일반 계좌 중 무엇이 유리한지 판단하려면, 재직 기간과 은퇴 이후 중 어느 시점의 세율이 더 높을지를 따져봐야 한다. 하지만 이를 예측하기란 매우 어려운 일이다. 여기서 분명한 사실은 하나다. 로스든 일반이든, 어느 쪽을 선택하더라도 아예 투자하지 않는 것보다는 훨씬 낫다.

보통 투자를 주저하거나 미루는 이유는 경기 침체나 주식 붕괴가 머지않았다는 소문 때문이다. 주가가 폭락하기 직전에 큰 돈을 넣었다가 곧바로 20~30%의 손실을 보면, 누구라도 투자가 꺼려지기 마련이다. 하지만 여기서 한 가지 사실을 짚고 넘어가야 한다. 경기 침체가 언제 시작될지, 그리고 그 영향이 얼마나 심각할지는 그 누구도 알 수 없다. 2020년 이후의 뉴스 헤드라인들을 살펴보자.

- "IMF, 세계 금융위기 수준의 심각한 경기 침체 예고", 〈블룸버그 Bloomberg〉, 2020. 03. 23.
- "코로나 19, 제2차 세계대전 이후 최악의 경제 침체로 몰아넣다", 〈세계은행The World Bank〉, 2020. 06. 08.

- "다가오는 경기 침체, 정부는 속수무책인가?", 〈더 힐The Hill〉, 2021. 11. 17.
- "래리 서머스Larry Summers, 치솟는 인플레이션에 경기 침체 경고", 〈폭스 비즈니스Fox Business〉, 2021. 12. 23.
- "세계 경제가 침몰하고 있다는 다섯 가지 신호", 〈CNN〉, 2022. 10. 02.
- "경기 침체는 '피할 수 없는 숙명', 이미 시작되었을지도 모른다", 〈폭스 뉴스Fox News〉, 2023. 04. 13.

이런 헤드라인을 찾는 것은 그리 어려운 일이 아니다. 지난 5년간 경제적 재앙이나 경기 침체가 임박했다는 소식을 다룬 기사는 수천 건씩 쏟아졌다. 이런 기사들을 보면 무시하는 게 쉽지 않다. 만약 공신력 있는 언론이나 저명한 경제학자가 자산의 상당 부분을 잃을 가능성이 있다고 예상한다면 안전을 위해 현금을 확보하려 드는 것은 당연하다.

하지만 그렇게 한다면 주식에서 낼 수 있는 수익은 놓치게 된다. 만일 경기 침체가 찾아올 거라는 전망에 겁을 먹고 2020년 초에 투자금을 회수했다면 이후 4년간 약 61%의 수익률을 놓쳤을 것이다. 2021년 초에 투자금을 회수했다면 36%의 수익률을 놓쳤을 것이고, 2022년 초에 투자금을 회수했다면 11%의 수익률을 놓쳤을 것이다. 2023년이었다면 33%의 수익률을 놓쳤을 것이다.

경기 침체가 찾아온다는 사실을 부정하는 게 아니다. 언젠가 또 다른 경기 침체가 찾아올 것이라는 사실은 100% 확실하다. 다만 그 시점이 정확히 언제일지는 나뿐만 아니라 그 누구도 정확히 알지 못한다. 주가가 하락해 저렴해질 '완벽한 타이밍'을 가만히 앉아 기다리는 걸 '시장 타이밍Timing the Market'이라고 하는데, 이는 사실 불가능에 가까운 게임이다.

주식이 언제 정점에 도달할지 알 수 없는 데다 경기 침체가 언제 바닥을 칠지도 알 수 없다. 예를 들어 지난 5년간 모은 돈을 투자하기 위해 완벽한 때를 기다리고 있다고 해 보자. 마침내 경기 침체가 찾아왔고, 시장가는 고점 대비 10% 떨어졌다. 지금까지 기다려온 바로 그 순간이 찾아온 것이다.

그런데 과연 그럴까? 경기가 침체된 것은 분명하지만, 여전히 이전과 똑같은 딜레마에 빠져 있다. 지금 바로 투자할 것인가, 아니면 주가가 10~20% 더 떨어질 때까지 기다릴 것인가의 문제다. 만약 주가가 더 내려가기만을 기다렸는데 시장이 보란 듯이 반등해 사상 최고치를 경신해버린다면 어떻게 하겠는가? 여기서 요점은 명확하다. 돈을 투자한 직후에 시장이 오를지 내릴지는 결코 알 수 없다는 사실이다.

우리가 '분명하게' 알고 있는 사실은 S&P500의 연평균 수익률이 약 10%라는 것, 그리고 시장에 오래 머물수록 높은 수익

　　　　　　　　　　　　　　　　　　난생처음 시작하는 돈 공부

을 얻을 가능성이 커진다는 점이다. 투자를 시작할 '완벽한 시기'를 기다리는 일은 이제 그만두어야 한다. 적기를 기다리며 미루기만 하는 것은 '좋지 못한' 때에 투자하는 것보다 훨씬 더 큰 기회비용을 치를 가능성이 크기 때문이다.

결정을 내리지 못하고 우유부단하게 구는 건 무지에서 비롯된 경우가 많다. 재테크에 관해 더 많이 알수록 피할 수 없이 결정을 내려야 할 때를 대비해 준비를 잘하게 된다. 다시 말한다. 감당할 수 없는 단 하나의 선택은 투자해야 할 돈으로 아무것도 하지 않는 것이다.

경제적 안녕에서 시간은 분명 가장 중요한 변수다. 그러니 우물쭈물하느라 시간을 낭비하지 마라.

상생의 결정 vs. 치명적 결정

결단력만 있다면 어떤 결정을 내려도 된다고 생각하지 마라. 예컨대 두 가지 선택지 사이에서 고민할 때, 반드시 정확한 정보를 바탕으로 결정해야 한다. 나의 경우 이런 결정을 '상생의 결정'이라고 부른다. 또 잠재적 비용이 드는 '치명적 결정'도 있다. 함께 살펴보자.

금전 관리를 위한 상생의 결정

1. **예산 관리 방식을 정하는 것** 사람마다 자신에게 유리한 예산 관리법이 있을 수 있으나, 계획 없이 자산을 관리하기보다 합리적인 예산 체계를 수립하는 것이 재정에 좋은 결과를 가져온다.

2. **로스 혹은 일반 퇴직연금 계좌에 투자하는 것** 다양한 펀드에 투자한다면, 장기적인 관점에서 어느 계좌를 선택하든 부를 축적하게 될 것이다.

3. **저비용 인덱스 펀드를 선택하는 것** 역사적 통계로 비추어 볼 때, S&P500 기반의 저비용 인덱스 펀드에 투자한다면 어떤 상품을 택하든 장기적으로 반드시 이익을 얻게 된다.

4. **우선적으로 상환할 대출을 정한다** 이자율과 대출 잔액이 예산에 영향을 미치겠지만, 대출 상환에 돈을 쓰는 건 좋은 결정이다.

5. **재테크 베스트셀러를 읽는 것** 읽는 것만으로 지식을 확장하고 부를 쌓는 데 필요한 기술을 습득할 수 있다.

잠재적 비용이 드는 치명적 결정

1. **아파트 임대** 주거비는 예산에서 가장 큰 비중을 차지하는 중대한 결정이다. 그러므로 반드시 현명한 판단을 내려야 한다.

2. **개별 주식 투자** 동일한 지수Index를 추종하는 인덱스 펀드라면

　　　　　　　　　　　　　　　　　　　

어느 상품을 택하든 유사한 실적을 내겠지만, 개별 주식 종목은 실적의 격차가 크다. 마이크로소프트처럼 인정받는 우량주Blue-Chip에 투자하는 것보다 잘 알려지지 않은 저가의 동전주Penny Stock에 투자하는 것이 훨씬 더 위험하다.

3. 차량 구입 자동차는 흔히 경제적으로 최악의 결정을 내리게 되는 대상이다. 반드시 안전하고 신뢰할 수 있으며, 스스로 비용을 감당할 수 있는 차량을 선택해야 한다.

4. 재정 관리 상담 대부분의 사람은 재정 관리 전문 상담사가 필요하지 않다. 그럼에도 상담사의 도움을 받기로 했다면, 상담사가 구체적인 조언을 해주는지, 그리고 함께하기에 편안한 사람인지 확인해야 한다. 무턱대고 아무나 고용하여 전 재산의 관리를 맡기는 행위는 오히려 손해를 초래할 수 있다.

잠시 시간을 내어 이 책을 읽겠다는 적극적인 선택을 한 스스로를 칭찬해도 좋다. 이 책을 완독하고 나면 경제적인 결정을 내릴 때 훨씬 더 깊은 확신을 갖게 될 것이며 그간 오랫동안 미뤄왔던 재테크를 시작하게 될 것이다.

이번 장은 주식에 투자할 때 반드시 갖추어야 할 결단력에 초점을 맞추었다. 다음 장에서는 주식의 작동 방식을 살펴보고, 과도한 리스크를 짊어지지 않고도 수익을 창출하는 방법을 전한다.

· **완벽한 때를 기다리는 건 그만둬라.** 우유부단함으로 인해 결정을 내리지 못하면 대개 걱정하는 '잘못된' 결정을 내렸을 때보다 더 큰 대가를 치러야 한다. 투자나 예산 수립을 위한 완벽한 때는 없다. 투자 시작을 위한 최적의 때는 10년 전이었고, 그다음으로 좋은 시기는 바로 오늘이다.

· **둘 다 좋은 선택에 매몰되지 마라.** 인덱스 펀드에 투자하기로 결심했다면 최고의 상품을 찾느라 스트레스받을 필요 없다. 퇴직연금 계좌를 일반으로 할지 로스로 할지 선택하는 문제에 겁먹지 마라. 어느 쪽을 택하든 아무런 투자도 하지 않는 것보다 훨씬 나은 결과를 가져다줄 것이기 때문이다.

· **투자의 결과를 100% 확신할 방법은 없다.** 안타깝게도 대부분의 투자는 결과를 보장하지 않는다. 그럼에도 통계적으로 연평균 10%의 수익률을 기록해온 시장 추종 인덱스 펀드의 저력을 믿고 확신을 가져야 한다.

· **시장을 맞추려**Timing the Market **하지 말고 시장에 머물러라**Time in the Market. 사람들은 주가가 저점일 때 매수하고 고점에서 매도하기를 바란다. 그러나 안타깝게도 가까운 미래에 시장이 어떻게 움직일지 결코 알 수 없다. 유일하게 신뢰할 수 있는 지표는 시장이 장기적으로 우상향한다는 사실뿐이다.

4장

주식 시장을 정복하는 법

: 투자는 지루할수록 좋다

주식 투자는 재산을 늘릴 수 있는 가장 쉽고 믿을 만한 방법이다. 부동산 투자와 달리 거액의 계약금을 내지 않으며 예상치 못한 막대한 비용이 발생하지도 않는다.

이처럼 접근하기 쉽고 높은 수익을 기대할 수 있는데도 주식 시장에 자금을 투입하는 것 자체를 두려워하는 사람이 많다. 더 안타까운 사실은 주식에서 손실을 볼 수도 있다는 가능성을 인지하는 즉시 사람들이 감정적으로 돌변한다는 점이다. 그들은 투자 선택지에서 주식을 완전히 배제하고, 주식 시장에 대해 배우거나 관련 이야기를 듣는 것조차 거부하곤 한다. 이는 마치 크루즈 여행권에 당첨되고서도 목적지로 향하는 배에서 뱃멀미를 "할 수도 있다"라는 말을 들었다는 이유만으로 경품을 포기하는 것과 같다.

주식을 오해하는 이유

주식에 투자하는 일이 두려울 수 있다. 투자에 대한 두려움은 우둔함이나 심리적 결함을 나타내는 표시가 아니다. 주식 투자를 향한 두려움과 회피 심리를 설명하는 한 이론에 따르면 '손실 회피Loss Aversion'라는 개념과 관련이 있다. 어떤 대상을 얻을 때의 즐거움보다 잃을 때의 심리적 고통이 훨씬 더 크다는 것이다. 그리고 사람들이 잃는 것을 가장 두려워하는 대상이 바로 돈이다.

요컨대 100달러를 잃었을 때의 속상함은 100달러를 벌었을 때의 기쁨보다 훨씬 강렬하다는 것이다. 이 개념에 깊이 공감한다. 만일 내가 라스베이거스에서 크랩스Craps 게임을 해서 300달러를 번다면 그 사실을 하루도 채 지나지 않아 잊을 것이다. 하지만 300달러를 잃는다면 몇 달 동안이나 자책할 것이다.

사람들은 돈을 잃는다는 느낌을 견디지 못하기 때문에 무슨 수를 써서라도 돈을 잃을 가능성을 완전히 배제하고 싶어한다. 하지만 안타깝게도 재테크에서 모든 위험성을 제거한다는 건 가진 돈을 불릴 기회도 전부 제거하는 일이다. 주식에 위험성이 따른다는 사실을 부정하지는 않겠다. 하지만 보수적으로 현명하게 투자한다면 주식에서 얻는 이익이 위험성보다 훨씬 크다.

돈을 잃는 상황을 피하려는 본능적인 마음과 더불어, 사람들이 투자를 주저하는 또 다른 이유는 과장되고 왜곡된 정보를 바탕으로 주식을 이해하기 때문이다. 아래의 뉴스 기사 제목들을 살펴보자. 어느 쪽이 더 시선을 사로잡는가?

- "40년간 천천히, 그리고 꾸준하게 주식에 투자해온 A, 마침내 부자가 되다."

- "45세인 두 자녀를 둔 가장 B, 주식에서 전 재산을 잃고 자동차에서 살아가다."

주식의 믿음직스러운 장기 성장에 관한 기사를 즐겨 읽는 금융 마니아가 아닌 이상, 대개는 두 번째 기사에 더 마음이 끌리기 마련이다. 확실히 두 번째 제목이 시선을 사로잡기는 하지만, 현명하게만 투자한다면 이런 비극적인 일이 일어날 가능성은 희박하다. 주식에 꾸준히, 그리고 보수적으로 투자해 부를 거머쥔 수백만 명의 평범한 성공 사례보다 단 한 건의 자극적인 실패 사례가 대중의 인식에 훨씬 더 깊은 잔상을 남기는 것은 비극적인 일이다.

자신은 어떤 기사와 생각이 일치하는지 스스로 확인해 볼 필요가 있다. 만일 두 번째 기사에 더 공감한다면, 단언컨대 주식 투자는 생각만큼 위험을 부담해야 하거나 변동성이 심한 영역이 아니라고 말하고 싶다.

마지막으로 주식 투자를 망설이는 이들이 많은 이유는 주식 시장의 작동 원리를 제대로 이해하지 못하기 때문이다. 만일 이 경우에 해당된다면, 이해조차 못 하는 시장에는 투자하지 마라. 이번 장의 목표는 주식에 대한 이해도를 높여 시장을 바라보는 관점을 새롭게 정립하고, 성공적인 투자를 위한 확고한 자신감을 갖추도록 돕는 데 있다.

주식이 어떻게 움직이는지 이미 알고 있다면, 이번 단락을 건너뛰어 다음으로 넘어가도 좋다. 하지만 주식을 잘 모르거나 기초를 복습해야 한다면 명쾌한 길잡이가 되어줄 것이다.

동물을 좋아하는 친구가 있다고 해 보자. 이 친구는 반려동물을 돌봐줄 사람이 필요할 때면 언제나 가장 먼저 떠오르는 믿음직한 인물이다. 어느 날 그 친구가 찾아와 강아지 유치원 사업에 관한 아이디어를 제안한다. 친구의 사업에 1만 달러(약 1400만 원)를 투자하면 회사 지분 10%를 가질 수 있는 조건이다. 물론 사업이 완전히 실패하여 투자금 1만 달러를 모두 잃을 위험도 존재한다. 반대로 사업이 번창한다면 투자 가치는 비약적으로 상승할 것이다. 투자에 따른 득실을 면밀히 검토한 끝에 결국 투자하기로 결심한다. 1년 뒤, 친구의 사업은 놀라운 성공을 거두었고 회사의 가치는 이제 50만 달러에 달한다.

이 사례에서는 두 가지 방법으로 돈을 번다. 회사 평가 가치 상승Appreciation과 배당금 지급Dividend Payments이다. 회사는 실적이 매우 좋아서 평가 가치가 50만 달러로 상승했다. 이 말은 친구에게 주고 산 10%, 1만 달러의 지분을 5만 달러로 팔 수 있다는 뜻이다. 여기에 더해 배당금도 기대할 수 있다. 친구가 사업 방침에 따라 매달, 매 분기, 혹은 매년 전체 수익의 일정 비율을 주주에게 분배할 수 있기 때문이다. 이는 경영자가 수익을 독점하지 않고, 지분을 보유한 투자자에게 그 결실을 정기적으로 나누어준다는 의미다.

주식의 원리도 이와 같다. 마이크로소프트의 주식을 매수한다는 것은 실제로 해당 기업 지분의 일부를 소유하는 행위다. 비록 그 비율은 아주 미미할지라도 엄연한 주주가 되는 것이다. 주식을 보유했다면 당연히 그 가치가 오르는 것을 기대하게 된다. 시세 차익을 통해 수익을 내려면 반드시 매수 가격보다 높은 가격에 주식을 팔아야 한다. 예를 들어 마이크로소프트 주식을 400달러에 샀다면, 그 이상의 가격에 매도해야 비로소 이익이 발생한다.

수익의 또 다른 축인 배당금은 기업이 주가와 보유 주식 수를 기준으로 매달, 매 분기, 혹은 매년 지급하는 일정 금액을 말한다. 다만 모든 기업이 배당금을 지급하는 것은 아니므로, 보유한 모든 종목에서 배당 수익이 발생할 것이라 기대해서는 안된다.

이러한 기본 원리를 이해하고 나면 전략은 단순해진다. 주식을 매수한 뒤 장기간 보유하다가, 주가가 매수가보다 충분히 올랐을 때 매도하는 것이다. 주식 투자로 상당한 자산을 일구기 위해서는 이 규칙만 기억하면 된다.

장기 투자를 해야 하는 현실적인 이유

과거에 한 친구가 저질렀던 어리석은 일화가 있다. 고등학교 시절 철없는 소동을 피우던 중 경찰차를 마주하자, 그는 앞뒤 가리지 않고 칠흑 같은 어둠 속으로 도망쳤다. 앞에 어떤 위험이 있는지조차 모른 채 전력 질주하던 그는 울타리를 정면으로 들이받고서도 경찰을 피해 어둠 속을 헤맸다.

이 우스꽝스러운 이야기는 투자 원칙을 모르는 이들이 자산을 운용하는 방식과 묘하게 닮아 있다. 이들은 투자를 통해 무엇을 얻을 수 있는지 모르고, 구체적인 계획도 없이 한 방향으로 맹목적으로 달려간다. 자신의 선택이 상황을 개선할지 악화시킬지 확신하지 못한 채, 그저 재앙으로 끝나지 않기만을 바랄 뿐이다.

많은 사람이 아무런 기대 없이, 혹은 터무니없이 비현실적인 기대를 하면서 투자를 시작한다. 그 대가는 뼈아픈 실책과 금전적 손실로 돌아오기 마련이다. 안타깝게도 오늘날 대중의 투자 인식은 낚시성 기사나 선정적인 15초짜리 숏폼 영상에 의해 형성된다. 심지어 가장 친한 친구조차 SNS에서 발견한 이른바 '무한 재산 증식 고리Infinite Money Loop'와 같은 영상을 보내며 이것이 따라 할 만한 조언인지 묻곤 한다. 그럴 때마다 나의 대답은 늘 한결같다. "절대 안 돼."

친구가 겪는 혼란과 그에 따르는 문제는 대개 투자 수익률 ROI, Return On Investment과 연관이 있다. 재테크의 기초가 부족한 탓에, 현실적으로 달성 가능한 수익률이 어느 정도인지 전혀 가늠하지 못하는 이들이 많다. 기준이 없는 상태에서는 다음과 같은 비현실적인 사고방식에 빠지게 된다.

A. 연 30%의 투자 수익률을 보장한다는 SNS 영상을 접한 뒤, 그것이 실제로 가능한 합법적 투자 방식이라고 믿어버리는 경우.
B. 누군가 100%의 수익률을 기록했다는 소문을 듣고(이론적으로 불가능한 일은 아니다), 그러한 고수익이 지극히 특별한 예외가 아닌 일반적인 현상이라고 오해하는 경우.

그런데 여기에서 몇 가지 문제가 발생한다. 첫째, 경험이 부족한 투자자일수록 감언이설에 속아 검증되지 않은 상품에 전 재산을 쏟아부을 위험이 크다. 그 결과 이들에게 '투자'라는 단어는 자산 증식의 수단이 아닌 고통과 빈곤을 떠올리게 하는 트라우마로 남게 된다.

둘째, 천문학적인 금액의 수익만을 기대하다 보니, 숙련된 투자자라면 열광할 만한 뛰어난 성과를 거두고도 정작 본인은 실망한다. 예를 들어 연 30%의 수익률을 기대했던 이가 15%의 수익을 냈을 경우, 목표치의 절반에 그쳤다는 이유로 투자에 실패했다고 단정하며 시장을 떠나버린다. 하지만 현실적으로 15%의 수익률은 놀라운 수준이며, 이를 달성한 투자자는 마땅히 기뻐해야 한다.

주식에 투자하기 전 현실적인 기대치를 가져야 하는 이유가 여기에 있다. 주식의 연평균 투자 수익률은 약 10%가량이며, 이는 보장된 숫자가 아니다. 따라서 누군가 10% 이상의 수익률을 장담한다면, 일단 상당히 회의적인 시각을 가져야 한다. 원금이 보장되면서 동시에 수익률까지 확정된 예금 같은 상품들은 대개 10%보다 훨씬 낮은 수익률을 형성하기 때문이다.

초보 투자자들에게서 발견되는 또 다른 고질적인 문제는 지나치게 단기적인 성과에만 집착한다는 점이다. 종종 자산의 일부를 딱 1년만 투자해 높은 수익을 올리고 싶어하는 이들을 만나곤 한다. "1만 달러가 있는데 조만간 쓸 일이 생길지도 모릅니다. 내년까지 이 돈을 1만 2000달러로 불리려면 어떤 주식을 사야 할까요?"라고 묻는 식이다.

앞서 언급했듯이 이들이 기대하는 연 20%의 수익률은 매우 비현실적인 수치임을 명심해야 한다. 통계적으로 주식 시장은 장기 투자자에게는 매우 확실한 수익을 안겨주었다. 하지만 투자 기간을 5년 미만으로 잡고 있다면 주식은 결코 현명한 선택지가 아니다. 이번 장에서는 왜 주식 투자가 '장기의 미덕'을 실천해야 하는 영역인지 자세히 살펴볼 것이다.

친구와 동료, 심지어 온라인상의 낯선 이들까지 종종 어떤 종목을 사야 할지 내게 묻곤 한다. 이들은 내가 점찍은 유망주가 무엇인지, 혹은 기업 내부자들만 아는 은밀한 정보를 이용해 완벽한 매매 타이밍을 잡는 비결이 무엇인지 궁금해한다. 하지만 이런 질문에 대한 나의 답변은 재테크를 공부하기 전이나 지금이나 한결같다. "나도 모른다."

나는 개별 종목에 대해서는 조언하지 않는다. 실제로 개별 주식에는 거의 투자하지 않기 때문이다. 오히려 개별 종목 투자를 멀리하는 편이다. 개별 기업의 주가는 예측이 불가능할 뿐만 아니라, 누구도 통제할 수 없는 외부 요인에 너무나 취약하기 때문이다. 괴짜 CEO의 돌발 행동 하나에 주가가 폭락하기도 하고, 갑작스러운 지정학적 긴장으로 공급망이 마비되기도 한다. 심지어 유명인이 SNS에 올린 게시물 하나가 의류 기업의 흥망성쇠를 결정짓기도 하는 것이 현실이다. 이처럼 예측 불가능한 시장에서 개별 종목에 매달리는 것은 위험한 도박이다. 그렇기에 시장의 소음에 일희일비하기보다 나만의 투자 철학을 갖는 것이 최우선이 되어야만 한다.

개별 종목의 변동성을 설명하기 위해 블록버스터Blockbuster와 게임스톱GameStop의 사례를 비교해 보자. 비디오 대여점 블록버스터는 시대의 변화를 읽지 못한 기업의 대명사처럼 희화화되곤 하지만, 전성기에는 미국 전역에 9,000여 개의 점포를 지닌 연간 54억 달러(약 7조 5600억 원) 규모의 업계 거물 기업이었다. 당시 미국 사회에서 블록버스터는 생활의 필수나 다름없었다. 1990년대부터 2000년대 초반까지 폭발적인 성장을 거듭하던 블록버스터는 결정적인 순간에 넷플릭스 인수 제안을 거절하며 반등의 기회를 놓치고 말았다. 그 대가는 참혹했다. 2003년부터 2005년까지 단 3년 만에 시장 점유율 75%를 잃었고, 결국 파산을 맞이했다.

이제 2021년 한 해 동안 찰나의 전성기를 누렸던 게임스톱을 살펴보자. 블록버스터와 마찬가지로 오프라인에서 실물 비디오 게임을 판매하던 게임스톱은 온라인 구매와 스트리밍이 대세가 된 시대 흐름 속에서 힘겨운 사투를 벌이고 있었다. 2020년 말까지만 해도 모든 지표는 게임스톱이 블록버스터의 뒤를 이어 몰락한 기업들의 무덤으로 직행할 것임을 가리키고 있었다.

하지만 2021년 초, 예상치 못한 반전이 일어났다. 몇몇 온라인 투자자들이 결집해 주식을 대량으로 사들이기 시작하면서, 주당 2.5달러에 불과했던 주가가 최고 483달러까지 폭등한 것이다. 이 이례적인 급등은 기업의 파산에 배팅했던 공매도 세력에게 타격을 입히기 위함이었다. 본질적으로 이 사건은 몇몇 온라인 트롤Internet Troll*들이 망해가는 주식을 사들여, 주가 하락을 확신하던 부유한 자산가들에게 막대한 손실을 입히는 상황을 유희로 즐기면서 시작되었다.

결국 게임스톱의 주가는 제자리로 돌아왔지만, 당시의 광기 어린 폭등을 합리적인 경제 논리로 설명하는 건 불가능하다.

주식 시장에서 발생했던 일련의 사건들은 10년 뒤에도 여전히 건재할 기업과 사라질 기업을 정확히 골라낼 수 있다는 자만이 얼마나 위험한지 보여준다. 세상은 너무나 빠르게 변하고 수많은 변수가 복잡하게 얽혀 있어, 장기적으로 어느 기업이 번창하고 어느 기업이 몰락할지 정확하게 예측할 수 없다. 사후 확증 편향The Bias of Hindsight** 때문에 블록버스터의 종말은 피할 수 없었다고 쉽게들 말하지만, 정작 1990년대 초반에 블록버스터가 10년 안에 파산할 것이라 예상한 사람은 거의 없었다.

반대로 게임스톱은 블록버스터와 같은 운명을 걸어야 했음에도(언젠가는 그렇게 될지도 모른다), 기업의 재무 상태와는 무관한 독특한 문화적 현상 덕분에 주가가 폭등하는 이례적인 상황을 맞이했다.

---

* 온라인 공간에서 고의로 갈등을 조장하거나 감정적 반응을 유발해 혼란을 일으키는 사람 또는 행위를 가리킨다.

** 어떤 사건이 이미 일어난 후, 자신이 그 결과를 처음부터 알고 있었다고 착각하는 인지적 경향.

이처럼 개별 종목은 향방을 예측하기 어렵고, 주가를 움직이는 예기치 못한 요인들에 너무나 취약하다. 하지만 다행히도 개별 종목에 매달리는 것보다 훨씬 안전하고 신뢰할 수 있는 투자 선택지가 존재한다.

달걀 말고 달걀 바구니를 사야 하는 이유

나는 개인에게 재무 관리를 가르치는 걸 직업으로 삼고 있으며, 이 주제로 두 권의 책을 썼다. 그래서 사람들은 나를 자산 관리 전문가로 신뢰하지만, 정작 나는 주가를 살피거나 주식 시장을 분석하는 일은 전혀 하지 않는다.

결코 꾸며낸 말이 아니다. 실제로 기업의 증권 보고서를 읽지 않으며, 개별 종목의 일일 주가 등락조차 확인하지 않는다. 내가 하는 일이라곤 오직 주식을 매수하는 것뿐이다. 공매도에 나선 적도, 옵션을 매수한 적도 없으며, 데이 트레이딩Day Trading*** 같은 단기 매매에는 손도 대지 않았다.

이처럼 주식에 직접 개입하지 않아도 나의 투자 수익률은 웬

*** 하루 안에 매수·매도를 끝내는 단기 매매로, 분초 단위 가격 흐름을 보며 단기 시세차익을 노리는 방식.

만한 전업 투자자만큼 높다. 이는 자랑을 하기 위함이 아니라, 분산된 포트폴리오를 장기 보유할 때 주식 시장이 얼마나 신뢰할 만한 결과를 돌려주는지 강조하기 위해서다.

수많은 이가 주식 투자에서 성공을 거둘 수 있었던 비결은 개별 종목이 아닌 '시장 전체'에 투자했기 때문이다. 그리고 인덱스 펀드를 활용하면 누구나 시장 전체를 소유할 수 있다. 인덱스 펀드를 이해하려면 먼저 인덱스(주가 지수)가 주식 시장의 특정 영역이 어떻게 움직이는지 측정하는 척도라는 사실을 알아야 한다. 예를 들어 S&P500은 뉴욕증권거래소에 상장된 500대 기업의 실적을 추적하는 지수다. 여기에 속하는 기업은 시장을 선도하는 거대 기업들이기에, 주식 시장의 전체적인 흐름을 가늠할 수 있는 가장 믿음직한 지표가 된다.

사람들이 주식 시장의 상승과 하락을 논할 때, 대개는 다우존스, 나스닥과 같은 주요 지수의 등락을 의미한다. 이를 추종하는 인덱스 펀드에 투자한다는 것은 해당 지수를 구성하는 거대 기업들의 묶음에 통째로 투자한다는 뜻이며, 따라서 펀드의 수익률 또한 지수의 흐름과 궤를 같이한다. 다시 말해 인덱스 펀드 투자는 개별 종목에 투자하는 것이 아니라 시장을 주도하는 우량 기업 전반에 자산을 배분하는 전략이다.

이해를 돕기 위해 스트리밍 서비스 산업을 예로 들어보자. 향후 2년간 어떤 스트리밍 기업의 수익률이 가장 높을지 예측

　　　　　　　　　　　　　　　　　난생처음 시작하는 돈 공부

하는 것은 매우 난해한 과제인데, 그 이유는 다음과 같다.

1. **선택지가 너무 방대하다** 넷플릭스, HBO, 디즈니, 애플, 아마존 등 고려 대상에 오를 만한 기업이 이미 포화 상태다.

2. **수익에 영향을 주는 변수가 지나치게 많고 예측 불가능하다** 특정 오리지널 콘텐츠가 전 세계적인 흥행을 기록하며 기업의 가치를 단숨에 끌어올리기도 하지만, 반대로 인기작이 삭제되어 구독자들이 대거 이탈하기도 한다. 심지어 최고 경영자의 개인적인 추문이 광고 수익 급감으로 이어지는 등 경영 외적인 리스크에도 끊임없이 노출되어 있다.

예측을 올바르게 한다면 돈을 많이 벌겠지만, 지난 역사를 살펴볼 때 이건 극도로 어려운 일이다. 빗나갈 확률이 훨씬 높으며, 예측을 잘못하면 투자금의 상당 부분 혹은 전부를 잃는 비극으로 이어진다. 이것이 바로 개별 종목 투자의 본질이다. 전형적인 '고위험 고수익' 구조 속에서 기업 가치의 격렬한 요동은 투자자에게 극심한 스트레스를 안겨준다.

대안은 명확하다. 특정 스트리밍 기업 한 곳을 선택하는 대신, 스트리밍 플랫폼 시장 전체를 소유하는 것이다. 이 경우 '누가 승자가 될 것인가'를 예측할 필요가 없다. 대신 '스트리밍 산업 전반이 성장할 것'이라는 사실에 돈을 거는 것이며, 모든 스트리밍 서비스 기업에 자금을 분산 투자한다. 이는 개별 종목을 선별하는 것보다 훨씬 안전하고 합리적인 접근법이며, 바로 이것이 인덱스 펀드의 작동 원리다. 달걀을 한 바구니에 모두 담는 모험 대신, 시장이라는 거대한 바구니 자체를 사는 셈이다.

물론 일부 종목은 다른 종목보다 뛰어날 실적을 보일 것이고 인덱스 투자는 그중 최고의 종목 하나에만 투자했을 때만큼 폭발적인 수익을 주지는 못한다. 하지만 시장 전체에 투자함으로써 성공 확률은 비약적으로 높아지며, 투자금을 모두 잃을 위험은 획기적으로 줄어든다. 문제는 인덱스 펀드만 고수해도 투자가 놀라울 정도로 단순해진다는 사실을 사람들이 좀처럼 믿으려 하지 않는다는 점이다. 실제로 나눈 대화를 살펴보자.

A 저도 이제 투자를 시작하고 싶은데 어떤 기업이 좋을까요? 테슬라가 한 번 충전하면 1000마일을 갈 수 있는 새로운 배터리를 출시한다고 들었습니다. 또 마이크로소프트가 폭발적으로 성장할 거라는 얘기도 있더군요. 챗지피티보다 뛰어난 AI 프로그램을 개발한 불가리아의 천재 개발자를 채용했다고 합니다. 제가 어느 회사의 주식을 사는 게 좋을까요?

나 잘 모르겠습니다. 저는 그저 분산 투자를 원칙으로 하는 인덱스 펀드에만 투자합니다. 그 펀드 안에는 테슬라와 마이크로소프트도 포함되어 있어요. 그러니 말씀하신 호재들이 실제로 일어난다면 자연스럽게 수익을 볼 수 있습니다.

A 그거 좋군요. 참, 이번에 새로 생긴 어느 전기차 회사가 우체국과 계약을 맺는다는 소식도 들리더군요. 계약이 성사되면 우체국에 200억 달러(약 28조 원) 규모의 전기차를 납품한다는데, 그럼 그 회사 주가는 폭등하겠죠?

나 그럴 수도 있죠. 하지만 제 관점에서는 그 소식만 듣고 투자하는 것은 위험해 보입니다. 저는 여전히 인덱스 펀드가 최고의 투자처라고 생각합니다. 느리지만 꾸준히, 시장 전체의 성장을 신뢰할 수 있으니까요.

A 아, 네…. 그러니까, 아무래도 제가 테슬라에 투자하는 게 좋다는 말씀이시군요."

나 ….

예시로 든 A처럼 행동해서는 위험하다. 기업의 내부 정보를 귀띔해주며 하룻밤 사이에 우리를 부자로 만들어줄 '성공률 100%의 비밀 뉴스' 따위는 세상에 존재하지 않는다. 주식으로 돈을 버는 유일하고 확실한 방법은 인덱스 펀드에 긴 호흡으로 꾸준히 투자하는 것이다.

S&P500의 평균 투자 수익률은 연간 약 10%(인플레이션을 고려하면 7~8%)다. 이 말은 주식 S&P500을 추종하는 인덱스 펀드에 100달러를 투자하면 연말에 평균적으로 110달러가 된다는

의미다.

하지만 이 수익률을 이해할 때 명심해야 할 두 가지 핵심이 있다. 첫째, 평균 10% 수익률은 어디까지나 '평균'일 뿐, 매년 일정하게 발생하는 수익이 아니라는 점이다.

이해를 돕기 위해 다음 표를 보자. 이 표는 2007년부터 2021년 사이 S&P500의 연간 수익률을 보여준다.

<표 4-1> 2007-2021 S&P500의 수익률

연도	수익률	2007년 이후 평균 수익률
2007	5.4%	5.4%
2008	−36.5%	−15.5%
2009	25.9%	−1.7%
2010	14.8%	2.4%
2011	2.1%	2.3%
2012	15.8%	4.6%
2013	32.1%	8.5%
2014	13.5%	9.1%
2015	1.3%	8.3%
2016	11.7%	8.6%
2017	21.6%	9.8%
2018	−4.2%	8.6%
2019	29.2%	10.2%
2020	18.0%	10.8%
2021	28.4%	11.9%

출처: 매버릭, J.B. 'S&P500 평균 수익률과 역사상 실적'

난생처음 시작하는 돈 공부

표를 보면 알 수 있듯이 주식은 매년 일정하게 10%씩 상승하지 않는다. 2008년에는 평균 10%의 수익률을 얻기는커녕 자산 가치의 36.5%가 증발했고, 반대로 2013년에는 32.1% 폭등하여 연평균 수익률을 훨씬 웃돌았다. 지난 15년 동안 시장은 격하게 요동쳤지만 결과적으로 누적 평균 수익률은 10%를 살짝 상회하는 수준(11.9%)을 유지했다.

앞의 표에서 두 번째로 주목해야 할 또 다른 지표는 시간이 흐를수록 평균 수익률의 변동 폭이 줄어든다는 점이다. 세 번째 열에 표시된 평균 수익률을 보면 시간이 흐르면서 변동성이 줄어든다는 사실을 알 수 있다. 투자 2년 차인 2008년에 평균 수익률은 거의 15% 정도 곤두박질쳤다. 시장의 가치가 3분의 1 이상 떨어졌기 때문이다. 그런데 투자 15년 차에 접어든 2021년의 경우, 시장이 28.4%라는 높은 수익률을 기록했음에도 평균 수익률의 변화는 전년 대비 1.1% 상승에 그쳤다. 다시 말해 평균 수익률은 투자 초반에는 시장의 흔들림에 취약하다.

하지만 세월이 흐르면 시장의 연간 실적에 영향을 덜 받는다. 이는 주식 투자의 중요한 교훈을 보여준다. 투자 기간이 길어질수록 평균 수익률 10%를 달성할 가능성이 커진다는 것이다.

주식 투자를 두려워하는 사람이 2007년에 투자를 시작했다고 가정해 보자. 다음 해인 2008년, 투자 원금의 36.5%가 증발

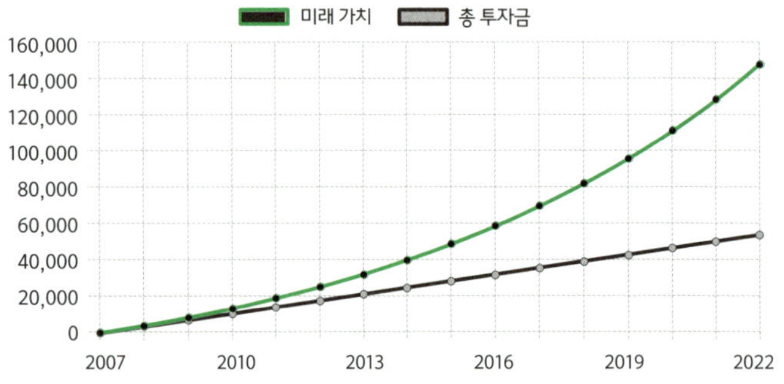

한 뒤 손실이 난 펀드를 환매하고는 보는 사람마다 주식 투자는 사기에 불과하다며 경고하고 다닐지도 모른다. 만약 그랬다면 그는 이후 회복장에서 누릴 수 있었던 연평균 10%의 성장 기회를 놓치게 된다.

그렇다면 연평균 10%의 성장률을 얻는다는 건 구체적으로 어떤 모습일까? 이 이야기에 실제 투자금을 더해 2007~2022년 동안 S&P500 인덱스 펀드에 매달 300달러(약 42만 원)씩 투자했다고 가정해 보자.

15년에 걸쳐 시장에 5만 4000달러(약 7600만 원)를 투자하자 계좌의 가치는 거의 15만 달러가 되었다. 이는 인덱스 펀드에 투자한 것만으로 9만 5000달러에 약간 못 미치는 돈을 벌었다는 뜻이다.

대부분의 사람은 돈을 잃는 걸 몹시 두려워하고, 주식을 제

    난생처음 시작하는 돈 공부

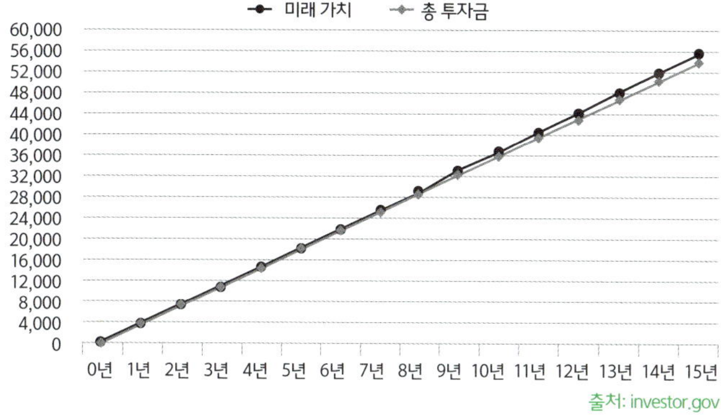

대로 알지 못하기 때문에 가진 돈을 예금 계좌에 넣어둔다. 장기적으로 보면 이 선택에는 엄청난 비용이 따르는 셈이다. 다음의 도표는 같은 금액을 0.5% 이율의 예금 계좌에 넣었을 때 계좌 가치를 보여준다.

그래프에 나타난 두 선 사이의 거리는 예금 계좌에 돈을 넣었을 때 얻는 투자 수익률을 의미한다. 선 사이의 간격이 워낙 좁아, 유심히 살피지 않으면 이 그래프의 선이 두 개라는 사실조차 알아차리기 어렵다. 지난 15년 동안 예금 계좌에 납입한 돈은 5만 4000달러에 달하지만, 그 결과 계좌의 총가치는 5만 6000달러에 미치지 못하는 수준에 머물러 있다.

퇴직연금 계좌와 개인연금 계좌, 학자금 저축 계좌의 공통점은 무엇일까? 세 계좌 모두 주식을 통해 부를 쌓을 수 있다는 것이다. 주식을 '이해'하는 게 매우 중요한 이유가 여기에 있다. 투자에 관해 내가 사람들에게 듣는 가장 흔한 오해 중 하나는 투자 계좌가 다르면 투자 종류도 다를 것이라는 생각이다. 짐작하겠지만 실제로는 세 가지 계좌 모두 단순히 주식에 투자하는 계좌일 가능성이 크다. 또 이러한 계좌에 관해서는 뒤에서 또 자세히 다룰 예정이다.

예를 들어 가진 퇴직연금 계좌와 개인연금 계좌들을 100% 같은 인덱스 펀드, VTSAX에 투자 중이라고 해 보자. 이 경우 얻는 수익이나 손실은 퇴직연금 또는 개인연금 계좌 그 자체에서 발생하는 것이 아니라, 해당 계좌에 담긴 인덱스 펀드인 VTSAX로부터 비롯된다. 연금 계좌는 자산을 담는 그릇일 뿐, 그 자체가 수익을 창출하는 투자 상품은 아니기 때문이다.

최근 한 친구가 내게 주식이 위험하다고 생각해서 주식 투자는 하지 않지만, 퇴직연금 투자는 좋아한다고 말한 적이 있다. 작년 한 해 동안 계좌 가치가 22%나 상승했다는 것이 이유였다. 나는 친구에게 퇴직연금이 구체적으로 어디에 투자되고 있는지 아느냐고 물었고, 친구는 "퇴직연금은 그냥 퇴직연금이잖아"라고 답했다. 이는 본질을 전혀 이해하지 못한 답변이다.

친구의 계좌를 확인해 보니, 다행히 회사 측에서 계좌 내 자산이 인덱스 펀드에 자동으로 투자되도록 설정해둔 상태였다. 즉, 친구가 말한 22%의 수익은 퇴직연금 계좌 자체가 아니라 인덱스 펀드에서 나온 것이었다. 만약 회사에서 자동 투자 설정을 해두지 않았더라면, 친구가 납입한 돈은 계좌에 현금 상태로 방치되었을 것이며 수익률 또한 0%에 그쳤을 것이다.

사람들은 친구가 투자에 소홀하다고 비판할지 모르지만, 역설적으로 그의 '방관 전략'은 매우 효과적이었다. 시장 상황에 일희일비하지 않고 급여가 지급될 때마다 꾸준히 퇴직연금을 납입했기 때문이다. 결과적으로 그 자금은 인덱스 펀드에 투입되어 주식 시장의 성장 수익을 온전히 흡수할 수 있었다.

이 이야기는 투자에 관한 우리의 인식에 무지가 얼마나 영향을 주는지 보여준다. 친구는 이제 만나는 사람마다 붙잡고 퇴직연금의 미덕에 관해 예찬하고 다닌다.

현재 퇴직연금이나 개별 투자 계좌를 보유하고 있다면, 납입된 자금이 단순히 계좌에 머물러 있는지 아니면 실제로 투자되고 있는지 반드시 확인해야 한다. 은퇴 자산 운용에 관한 구체적인 내용은 뒤이어 9장에서 상세히 다룰 예정이다. 그러니 아직 은퇴를 위한 투자를 시작할 준비가 되지 않았더라도 조급해할 필요는 없다.

힘들게 번 돈을 잘 알지도 못하는 곳에 함부로 투자하지 마라. 그러나 이런 실수를 피하기 위해서는 반드시 공부가 선행되어야 한다. 그런 의미에서 흔히 투자하는 상품, 뮤추얼 펀드Mutual Fund*와 인덱스 펀드, ETF Exchange Traded Funds, 채권Bond, 생애주기 펀드 Lifecycle Funds에 관해서는 철저하게 이해해야 한다.

뮤추얼 펀드와 인덱스 펀드의 차이

펀드는 주식이나 채권 같은 유가 증권을 한데 모은 상품으로, 투자자가 자연스럽게 분산 투자를 할 수 있도록 도와준다. 뮤추얼 펀드나 인덱스 펀드에 투자한다는 것은 수많은 투자자와 자금을 모아 특정 자산군에 '공동으로Mutually' 투자함을 의미한다. 이 두 펀드의 가장 큰 차이점은 자산을 운용하고 관리하는 방식에 있다. 물론 크게 보면 뮤추얼 펀드는 인덱스 펀드의 한 범주에 속한다.

　뮤추얼 펀드는 대표적인 액티브Active 펀드다. 이는 전문 트레이더나 펀드 매니저가 직접 시장을 조사하고 펀드에 편입할 종

---

* 국내에서는 보통 '공모 펀드' 혹은 일반적인 '펀드'로 통칭한다. 은행이나 증권사에서 가입이 가능하다.

목을 능동적으로 결정하는 방식을 의미한다. 예를 들어 운용 담당자가 특정 유망 기업의 주가 상승을 예견한다면 해당 주식을 펀드 포트폴리오에 적극적으로 편입하는 식이다. 이러한 운용 방식은 펀드 매니저의 주관적인 판단에 기반하므로 전문가마다 의견이 갈릴 수도 있다. 그럼에도 투자 회사는 매니저의 축적된 경험과 의사결정 능력을 신뢰하며 자산을 맡긴다.

한편, 인덱스 펀드는 패시브Passive 펀드다. 지금까지 살펴보았던 것처럼 인덱스 펀드는 특정 지수의 수익률을 그대로 반영하도록 만들어진 상품이다. 예를 들어 S&P500을 추종하는 인덱스 펀드는 S&P500과 거의 동일한 실적을 기록한다.

인덱스 펀드는 뮤추얼 펀드와 다르게 규모가 작은 기업의 주식은 임의로 편입하지 않는다. 예를 들어 S&P500 인덱스 펀드라면, 해당 지수에 들어갈 수 없는 규모가 크지 않은 기업은 투자 대상에서 제외된다. 즉, 인덱스 펀드 운용에는 매니저의 주관적인 결정이 개입할 여지가 전혀 없다. 오직 지수에 포함된 기업의 주식만을 기계적으로 편입하고, 지수에서 탈락한 기업의 주식은 철저히 배제하는 원칙을 따를 뿐이다.

가정해 보자. 라이징 컴퍼니라는 새로운 기업이 빠르게 성장해 페일링 컴퍼니라는 다른 기업을 몰아내고 상위 500대 기업에 포함되었다면 인덱스 펀드는 자동으로 포트폴리오를 재구성해 라이징 컴퍼니를 편입하고 페일링 컴퍼니를 삭제한다.

요컨대 인덱스 펀드는 전체 시장과 똑같은 실적을 내며, 나 같은 투자자는 그걸로 만족한다. 반면에 뮤추얼 펀드는 시장보다 좋은 실적, 즉 보다 더 높은 수익률을 내려 한다.

ETF는 무엇이고, 채권은 무엇인가

이 모든 투자 상품의 개념이 복잡하게 느껴지더라도 걱정할 필요는 없다. ETF는 본질적으로 뮤추얼 펀드나 인덱스 펀드와 매우 유사한 상품이기 때문이다. 이들 모두 다양한 투자 자산을 한데 모아놓은 '바구니'라는 점은 같다. 그 이유는 투자 효과가 같기 때문이다.

ETF와 뮤추얼 펀드의 결정적인 차이는 거래 방식에 있다. ETF는 개별 주식처럼 증권 거래소에서 실시간으로 매매할 수 있다. 예를 들어 오전 10시에 ETF를 샀다가 가격이 오르면 불과 2시간 뒤인 정오에 바로 팔아 수익을 확정 지을 수 있다. 반면에 뮤추얼 펀드의 가격은 장이 마감된 후 하루에 딱 한 번만 산정된다. 장중에 100달러어치 매수 주문을 넣더라도, 실제 거래는 시장이 완전히 끝난 뒤에야 비로소 처리된다.*

ETF와 뮤추얼 펀드의 또 다른 차이점은 뮤추얼 펀드는 달러

 난생처음 시작하는 돈 공부

단위로 매매하는 데 반해 ETF는 대개 주Shares 단위로 거래한다는 것이다.

예를 들어 ETF에 투자할 때는 '10주'를 매수하지만, 뮤추얼 펀드에 투자할 때는 '400달러'만큼 매수하는 식이다. 또한 일부 뮤추얼 펀드는 수천 달러에 달하는 최소 투자 금액 제한이 있어, 상대적으로 접근성이 좋은 ETF를 선호하는 투자자도 많다.

요약하자면 뮤추얼 펀드와 인덱스 펀드, ETF는 모두 여러 유가 증권을 한데 모은 상품으로, 소수의 개별 종목에 투자하는 것보다 훨씬 높은 분산 투자 효과를 제공한다.

ETF와 인덱스 펀드 사이의 사소한 차이 때문에 지레 겁을 먹거나 선택을 주저할 필요는 없다. 이것이야말로 '치명적 결정'이 아닌 '상생의 결정'의 좋은 사례다. 인덱스 펀드든 ETF든, S&P500을 추종하는 상품에 장기 투자한다면 어느 쪽을 선택하더라도 경제적으로 옳은 결정임이 분명하다.

또 채권은 차용증서IOUs다. 말 그대로 "I Owe You", "너에게 빚을 졌다"라는 문장을 축약한 것이다. 개별 주식 종목에 투자하는 ETF나 주식을 기반으로 하는 뮤추얼 펀드보다 더 보수적인 투자 상품이다. 금리 3%의 미국 국채를 1만 달러(약 1400만 원) 매수했다고 정부가 20년 뒤 투자 가치가 두 배로 상승할 것임을 보증한다고 치자. 이 경우 정부는 매년 1만 달러의 3%에 해당하는 300달러(약 42만 원)씩 지급하고, 채권 만기가 도래한 20년 후에는 2만 달러를 지급한다. 1만 달러를 투자해서 매년 고작 300달러를 받고, 원금이 두 배가 되기까지 20년을 기다리는 건 그다지 재미가 없는 투자라고 생각할지 모른다. 하지만 채권의 매력은 매우 안전한 상품이라는 데 있다. 그래서 고령 투자자에게 더욱 인기다. 이들은 주식이 폭락해 가진 돈을 잃게 될 경우, 시장이 회복할 때까지 기다릴 만한 시간적 여유가 부족하기 때문이다.

예를 들어 75세의 투자자가 은퇴 저축으로 20만 달러를 가졌다고 해 보자. 이 투자자는 가진 돈을 모두 주식에 투자하는 걸 꺼린다. 주식 시장이 안 좋은 해에는 20만 달러가 순식간에 14만 달러가 될 수 있고, 이럴 경우 막대한 손실을 감당하기 위해 생활 방식을 전면적으로 바꾸어야 하는 상황에 놓이게 된다.

남은 생을 편안하게 보낼 만큼 충분한 자금을 모은 사람도 있을 것이다. 이런 사람은 투자금을 불리기보다는 돈을 잃을 위험을 낮추기 위해 채권 같은 상품에 넣어 안전하게 지키는 쪽을 선택해야 한다.

생애주기 펀드는 무엇인가

젊은 시절에는 주식 시장의 변동성을 기꺼이 감수하려 한다. 설령 손실이 발생하더라도 시장이 회복될 때까지 충분히 기다릴

  난생처음 시작하는 돈 공부

수 있는 시간적 여유가 있기 때문이다. 그러나 나이가 들수록 막대한 손실을 만회할 시간이 부족해지므로, 투자의 기조는 점차 보수적으로 변하기 마련이다.

이러한 이유로 연령이 높아질수록 전체 자산에서 채권 비중을 높여 투자 전략의 공격성을 완화하게 된다. 일반적인 원칙에 따르면, 포트폴리오 내 채권과 같은 안전 자산 비중을 본인의 나이와 동일하게 설정하고 나머지를 주식에 투자한다. 다음 표는 연령대별로 이 원칙을 적용한 자산 배분의 예시를 보여준다.

<표 4-2> 연령대별 자산 배분 방법

연령	채권 비중	주식 비중
20대	20%	80%
30대	30%	70%
40대	40%	60%
50대	50%	50%
60대	60%	40%
70대	70%	30%

젊은 시절에는 공격적으로 투자해야 한다고 생각한다. 적어도 20대에는 100% 주식에 투자해도 된다. 다만 투자의 핵심은 나이가 들수록 자산을 더 보수적으로 운용해야 한다는 점에 있다. 하지만 이러한 원칙을 따르기 위해 몇 년마다 포트폴리오를 직접 재구성하고 조정해야 한다는 사실은 투자자에게 적지 않

은 부담과 스트레스로 다가온다.

만약 이런 관리 과정이 걱정스럽다면 여기 좋은 정보가 있다. 생애주기 펀드*는 이 번거로운 일을 대신해준다. 생애주기 펀드는 다양한 유가 증권을 모은 것인데 투자자의 연령이 높아짐에 따라 자산 구성을 자동으로 조절하여 보수적인 투자가 이루어지도록 설계되어 있다. 이 상품 하나에 투자하는 것만으로도 전 생애에 걸쳐 분산 투자와 적절한 자산 배분의 균형을 유지할 수 있는 셈이다. 투자에 직접 관여하지 않고 주식과 채권의 비중 조절을 전문가에게 맡기고 싶다면 생애주기 펀드가 훌륭한 대안이 될 것이다.

증권 계좌 개설을 두려워하지 마라

주식 투자에 대한 확신이 생기고, 퇴직연금, 학자금 저축 등 구체적인 투자 계획이 섰다면 이제 증권사 계좌를 개설할 차례다. 하지만 의외로 이 단계에서 막막함을 느끼는 이들이 많다.

우선 증권 계좌가 무엇이며 어떻게 작동하는지 기초적인 원

---

* 국내 금융 시장에서는 주로 TDF(Target Date Fund)라는 명칭으로 유통된다. 상품명 뒤에 'TDF 2050'처럼 은퇴 예상 연도가 표기되어 있으며, 가입자의 연령에 맞춰 주식과 채권의 비중을 자동 조절(Glide Path)해주는 것이 특징이다.

 난생처음 시작하는 돈 공부

리를 이해해 보자. 증권 계좌란 주식, 채권, 뮤추얼 펀드, ETF 등 다양한 투자 상품을 거래하기 위해 사용하는 전용 계좌다. 일반 은행 계좌와 연동되어 자금을 자유롭게 주고받을 수 있는 것이 특징이다. 은행에서 증권 계좌로 돈을 보내면 구체적인 투자처(주로 인덱스 펀드가 되겠지만)를 결정하기 전까지 현금 상태로 머물게 되는데, 이를 보통 결제 자금Settlement Fund 혹은 예수금Core Position이라 부른다. 원리는 간단하지만 실제로 거래를 실행하고 유가 증권을 매수하는 과정에서 많은 이가 어려움을 겪는다.

내가 제안하는 해결책은 증권사에 직접 전화해 안내를 받는 것이다. 상담사와 통화하는 방식이 다소 구식으로 보일 수 있다는 점은 잘 안다. 하지만 상담사의 도움을 받으면 계좌 개설부터 첫 거래까지 실수 없이 마칠 수 있고, 무엇보다 심리적인 안도감을 얻을 수 있다. 개인적으로 뱅가드와 피델리티를 이용하고 있는데 전화할 때마다 기대 이상의 친절한 서비스에 놀라곤 한다. 또한 이들 증권사는 계좌 개설 및 거래 방법을 상세히 설명할 수 있는 방대한 자료를 갖추고 있다. 계좌를 만들고 거래를 실행하는 과정을 결코 두려워하지 마라. 일단 첫 거래를 성사시키고 나면 금세 자신감이 붙을 것이고, 생각보다 훨씬 간단하다는 사실을 깨닫게 될 것이다. 이것은 투자 여정에서 마주하는 마지막 장애물일 뿐이다. 이 문턱만 넘어서면, 앞날에는 경제적 자유로 향하는 밝은 미래가 펼쳐질 것이다.

투자할 때 고려해야 할 또 하나의 사항은 펀드마다 다른 운용 보수다. 나 역시 처음 이 용어를 접했을 때 좌절감을 느꼈는데, 용어 자체가 주는 생소함과 막연함이 투자에 겁을 먹게 만들기 때문이다.

간단히 말해, 운용 보수란 펀드에 투자할 때 지불해야 하는 서비스 수수료다. 투자 회사가 나를 대신해서 복잡한 펀드 상품을 설계하고 관리하므로 그에 따른 대가를 지급하는 것이다. 예를 들어 피델리티의 생애주기 펀드에 투자한다는 건 나이에 따라 자산이 더 보수적으로 운용되도록 회사가 알아서 주식과 채권 비중을 조정해준다는 의미다. 운용 보수는 바로 이러한 관리 서비스에 대한 비용이다. 전문가의 도움을 받는 만큼 보수를 내는 것은 당연하지만, 그 비용이 지나치게 높아서는 안 된다. 보수가 높을수록 우리가 가져갈 실제 수익은 그만큼 줄어들기 때문이다.

운용 보수는 투자 수익률을 직접적으로 갉아먹는다. 예를 들어 우리가 가진 인덱스 펀드의 운용 보수가 0.5%라고 해 보자. 그렇다는 건 최종 투자 수익률도 0.5%만큼 차감된다는 뜻이다. 투자 수익률이 10%인데 운용 보수가 0.5%라면 실질 투자 수익률은 9.5%가 된다. 따라서 운용 보수는 가능한 한 낮은 것을 선택해야 한다. 다시 한번 말하지만, S&P500을 추종하는 모든 인덱스 펀드는 대부분 비슷한 성과를 낸다. 특별할 것 없는 상품에 군이 터무니없이 높은 수수료를 지불할 이유는 전혀 없다.

뱅가드와 피델리티, 두 회사 모두 운용 보수가 낮은 인덱스 펀드 상품을 판매한다. 뱅가드에서 판매하는 인덱스 펀드, VTSAX의 운용 보수는 0.04%고, 피델리티에서 판매하는 FXAIX의 운용 보수는 0.02%다. 하지만 다른 펀드에서는 운용 보수가 1.0% 혹은 그 이상인 경우도 있다. 운용 보수가 크지 않아 보일 수 있지만, 장기 투자에서는 큰 금액 차이를 가져온다. 30년 동안 매달 500달러씩 투자한다고 할 때, 운용 보수 0.04%인 펀드와 1.0%인 펀드가 전체 잔고에 어떤 영향을 주는지 비교해 보자.

- 운용 보수 0.04%인 펀드에 매달 500달러씩 30년 투자
  : 97만 9520달러
- 운용 보수 1.0%인 펀드에 매달 500달러씩 30년 투자
  : 81만 7845달러

여기서 운용 보수가 조금 더 비싼 상품에 투자했을 때 추가로 부담해야 하는 비용은 은퇴할 즈음이 되면 16만 달러(약 2억 2400만 원)에 달한다. 겉으로 보기엔 사소한 차이 같아도 장기적으로는 자산의 규모를 결정짓는 치명적인 변수가 되는 것이다.

그러므로 펀드 상품을 고를 때는 반드시 운용 보수를 꼼꼼히 따져보는 습관을 길러야 한다.

투자나 주식을 처음 접하는 초보 투자자라면 '장기 투자를 통해 부를 쌓는 능력을 가질 수 있다'라고 자신감을 가져야 한다. 그러면 다음과 같은 의문이 들 것이다. '목표를 달성하기 위해 매달 얼마씩 투자해야 할까?'

이 질문에 답하기 위해서는 먼저 목표가 현실적이고 달성 가능해야 한다. 다음 장에서는 구체적이고 실현 가능한 투자 목표를 설정하는 방법들을 상세히 소개한다.

결론만 모아보기

- **투자 자산의 중심은 주식이다.** 퇴직연금 계좌, 개인연금 계좌, 학자금 저축 계좌를 비롯한 대부분의 투자 상품은 주식에 그 근간을 두고 있다. 만약 계좌에 1만 달러가 들어 있다면, 그 자산은 이미 주식 시장의 성장 동력과 연결되어 있을 가능성이 매우 크다.

- **개별 종목이 아닌 인덱스 펀드에 주목하라.** 수익률이 급등할 단 하나의 종목을 찾기 위해 아까운 시간을 낭비할 필요 없다. 인덱스 펀드에 투자하는 순간, 시장에서 승리하는 모든 종목을 소유하게 된다. 복잡한 분석 없이도 시장의 평균 수익을 가져가는 가장 영리한 방법이다.

 난생처음 시작하는 돈 공부

· **지루한 투자가 최고의 투자다.** 투자는 짜릿한 도박이 아니라 따분한 시스템이어야 한다. 매달 급여일에 맞춰 자동으로 인덱스 펀드를 매수하는 것 외에 내가 하는 일은 거의 없다. 데이 트레이딩, 가상 화폐, 옵션 거래와 같은 변동성에 휘둘리지 않기에 스트레스도 없다. 이 '지루함'이 결국 나를 부자로 만든다.

· **주식의 평균 투자 수익률은 약 10%다.** 만약 누군가 이보다 훨씬 높은 수익을 '보장'한다면, 왜 세상 사람들이 모두 그곳에 투자하지 않는지 의심해 봐야 한다. 상식 밖의 수익률을 제안하는 사람은 일단 경계하는 것이 상책이다.

· **투자에 신경 쓸 여력이 없다면 '생애주기 펀드'가 답이다.** 생애주기 펀드에 가입해두면, 나이가 들어감에 따라 펀드가 스스로 투자 상품의 위험도를 하향 조정한다. 만약 투자 포트폴리오를 주기적으로 변경하는 번거로움을 피하고 싶다면, 생애주기 펀드가 완벽한 '자산 배분 전문가' 역할을 해줄 것이다.

5장

돈을 더 잘 쓰는 법

: 왜 더 많은 돈을 원하는가

자산 관리를 처음 시작했을 때, 나의 노력은 번번이 실패로 돌아갔다. 부를 쌓는 원리를 전혀 몰랐던 탓이다. 어렵사리 모은 돈을 어떻게 활용할지 아무런 계획이 없었다. 예산에 여윳돈이 생겨도 미래를 위해 구체적으로 무엇을, 어떻게 시작해야 할지 갈피를 잡지 못했다.

예를 들어 은퇴를 대비해 저축해야 한다는 기본 개념은 알고 있었지만, 퇴직연금과 개인연금이 정확히 어떤 원리로 작동하는지, 그런 계좌들이 자산 증식에 어떤 실질적인 도움을 주는지 모르고 있었다. 설령 우여곡절 끝에 계좌를 개설했다 하더라도, 노후를 위해 매달 얼마를 투자해야 하는지조차 알 길이 없었다. 돈이 모여도 걱정은 줄어들지 않았다. 이 돈을 예금 계좌에 묶어둬야 할지, 대출을 갚는 데 써야 할지, 아니면 주식 시장에 던져야 할지 확신할 수 없었기 때문이다. 나는 완전히 길을 잃은 상태였다.

지금 그 돈을 어디에 쓸 것인가

기초적인 재무 개념이 정립되지 않은 상태에서 구체적인 목표를 세우는 일은 불가능에 가까웠다. 목표가 없으니 자산이 얼마나 불어났는지 측정할 방법도, 나의 노력이 실질적으로 어떤 변화를 만들고 있는지 확인할 길도 없었다. 동기부여가 되지 않으니 무작정 아끼고 돈을 모으는 것 자체가 고역이었다.

사람들의 예산 수립을 돕다 보면 지금도 늘 같은 문제에 직면한다. 예산을 세우려는 이유를 물으면 하나같이 "불필요한 지출을 줄여 여윳돈을 더 많이 갖고 싶어서"라고 답한다. 그러면 "왜 돈을 더 많이 가지고 싶은가요?"라고 다시 묻는다. 구체적인 대답을 이끌어내기 위한 질문이지만, 대개는 돈을 원하는 이유를 설명해야 한다는 사실에 당황하며 모호한 대답을 늘어놓는다.

내 질문이 어색하게 들릴 수도 있지만, 이는 효과적인 예산을 짜기 위한 필수 과정이다. 만약 지출을 통제하지 못한다면, 돈이 더 많아진다고 해서 근본적인 문제가 해결되지는 않는다. 십중팔구 예산에서 남는 돈은 이전과 똑같이 시답잖은 곳에 허비할 가능성이 크기 때문이다. 따라서 예산에서 단돈 얼마라도 여윳돈이 생긴다면, 그것을 어디에 쓸지에 대한 **구체적이고, 달성 가능하며, 측정할 수 있는 경제적 목표를 반드시 세워야 한다.**

돈 관리는 한 달에 한 번씩

서른을 앞두고, 나는 술을 완전히 끊기로 결심했다. 절주나 특

난생처음 시작하는 돈 공부

별한 날의 와인 한 잔 같은 타협은 의미가 없다. 금주 과정에서 가장 괴로웠던 점은 '남은 평생 단 한 잔도 마실 수 없다'라는 사실을 받아들이는 것이었다. 매일같이 평생을 금주해야 한다는 압박감이 나를 짓눌렀다.

그러던 어느 날, 오래 금주를 해온 한 선배가 현명한 조언을 건넸다. 평생의 금주를 하루아침에 해낼 수는 없으니 그저 '오늘 하루만' 마시지 말라는 것이었다. 그 말은 내 관점을 완전히 바꿔놓았다. 평생의 무게를 짊어지는 대신 오늘 하루의 약속만 지키기로 했다. 매일 이 단기 목표를 달성하다 보니(지금까지도 그렇게 해오고 있다), 결과적으로 평생의 금주를 실천하게 되었다. 장기적인 성공은 이처럼 단기적인 꾸준함과 끈기가 켜켜이 쌓여 완성된다.

부를 쌓고 경제적 목표를 달성하는 과정도 이와 비슷하게 접근해야 한다. 내 집 마련, 조기 은퇴, 자녀 교육비 마련 같은 장기 목표를 바라보면, 그 거리가 너무나 멀게 느껴져 시작하기도 전에 포기하고 싶어진다. 우리를 이끌어줄 장기적인 목표는 반드시 필요하지만 실질적인 경제적 목표는 한 달에 한 번 달성된다는 점을 알아야 한다. 1년에 6000달러를 모으는 게 목표라면 한 달에 500달러씩 저축한다는 월간 목표를 세우는 편이 달성하기 쉽다.

금전 관리는 기본적으로 월 단위로 이루어진다. 주택담보대출, 월세, 할부금, 보험료, 각종 구독료 등 대부분의 청구서가 한 달에 한 번 날아온다. 지출이 이렇게 발생하므로, 목표 달성 여부 또한 매달 혹은 그보다 더 자주 점검해야 한다. 이처럼 단기 목표를 설정하면 여러 가지 좋은 점이 있다.

관리하기 쉽다

부를 쌓기 위해서는 재정 상태를 정밀하게 파악해야 하고, 이를 위해서는 한 달 단위로 나누어 관리하는 것이 훨씬 수월하다. 매달 재정 흐름을 파악하지 않으면 목표를 망각하기 쉽고, 자신이 올바른 속도로 나아가고 있는지조차 가늠하기 어렵다. 또한 뒤늦게 자산을 점검하려 해도 이미 관리의 흐름에서 너무 멀어져 있어 어디서부터 손을 대야 할지 엄두를 내지 못한 채 아예 포기해버리기도 한다.

이해를 돕기 위해 새해 결심으로 체중을 12킬로그램 감량하기로 했다고 가정해 보자. 정기적으로 체중을 확인하며 진행 과정을 점검하지 않으면 연말이 되었을 때 1킬로그램도 빠지지 않았다는 충격적인 사실을 연말이 되어서야 마주하게 될 것이다. 하지만 정기적으로 체중을 확인하면 연말에 무리를 하는 대신 조금씩 조정할 수 있다. 게다가 12킬로그램을 감량하는 건 엄청난 일처럼 보이지만, 매달 1킬로그램씩 감량하는 건 훨씬 더 해 볼만하다.

숫자가 주는 자신감은 심리적 해방감으로

돈과 긍정적인 관계를 맺고 순자산을 변화시킬 능력이 있다고 믿는 것은 목표 달성을 위한 핵심 자산이다. 매달 재정 상태를 파악하고 목표를 향한 진척도를 평가하다 보면 자산의 실질적인 성장이 눈에 보이기 시작한다. 이는 곧 재정 관리 능력에 대한 강력한 자신감으로 이어진다. 스스로에게 '그래, 지금 잘하고 있어!'라고 속삭이며 동기를 부여하지 않는다면 훗날 '결국 내가 해냈어!'라는 압도적인 성취감을 맛보기란 불가능하다.

매달 재정을 점검하는 시간은 자산의 성장을 확인하는 자리이자, 발전한 나 자신을 마음껏 칭찬해줄 수 있는 기회다. 또한 매달 명확한 목표를 세우고 이를 달성했다면 생존을 위한 필수 지출이 아니더라도 나에게 기쁨을 주는 소비에 대해 죄책감을 가질 필요가 없다.

예를 들어 매달 퇴직연금 계좌에 400달러를 저축하고 자동차 할부금을 200달러 추가 상환하는 목표를 완수했다면, 그다음 새 신발 한 켤레를 샀다고 해서 스스로를 자책할 이유가 전혀 없다. 오히려 재정 상태를 정기적으로 확인하지 않는다면, 즐거움을 위한 소비를 할 때마다 이것이 '감당할 수 있는 보상'인지 '무모한 낭비'인지 알 수 없어 늘 막연한 불안감에 시달려야 할 것이다.

유연성이 더 커진다

인생은 한 치 앞을 예측할 수 없다. 온수기가 갑자기 고장 날 수도 있고, 키우는 반려동물이 갑자기 아플 수도 있으며, 혹은 세금 체계를 잘 몰랐던 덕분에 연말정산에서 뜻밖의 환급금을 받을 수도 있다.

이러한 불확실성 때문에 경제적 목표는 때때로 수정이 필요하며, 목표 전환을 지체할수록 그 대가는 커진다. 예를 들어 매달 1000달러 저축을 목표로 세웠는데 차량 수리비로 1500달러가 든다면 그달의 목표 달성은 현실적으로 불가능하다. 하지만 월말에 실적을 평가하며 이 상황을 직시한다면, 추가 수입원을 찾거나 예기치 못한 지출을 반영해 목표를 유연하게 조정할 수 있다. 이는 목표 미달에서 오는 죄책감을 덜어주는 데도 효과적이다. 계획이 틀어진 것이 내 행동 때문이 아니라, 통제 불가능한 변수 때문이었음을 이성적으로 이해하게 되기 때문이다.

반대로 수입이 예상보다 많은 달도 있다. 이때는 연말까지 기다릴 것이 아니라 즉시 추가 수입을 활용할 계획을 세워야 한다. 나의 경우, 2018년 퀴즈쇼, 〈휠 오브 포춘Wheel of Fortune〉에 출연해 5만 300달러(약 7000만 원)라는 거액의 상금을 타면서 덕분에 순자산이 단숨에 두 배로 늘어난 적이 있다. 나는 이 예상치 못한 소득으로 즉시 모든 대출을 상환하고 경제적 목표를 재설정했다. 늘어난 여유 자금을 바탕으로 월 투자액을 늘리고

 난생처음 시작하는 돈 공부

은퇴 목표 금액도 상향 조정했다. 만약 그때 새로운 수입에 맞춰 기준을 빠르게 재정립하지 않았더라면 그 돈은 허무하게 낭비되어 잠재적인 수익 기회를 모두 놓쳤을 것이다.

성공은 시간이 흐름에 따라 서서히 완성된다. 기타를 처음 잡자마자 지미 헨드릭스Jimi Hendrix처럼 연주하길 기대하는 사람은 없다. 농구공을 처음 만지자마자 스테판 커리Stephen Curry 같은 슛을 넣을 수 없으며 언어 학습 앱을 설치한 지 1시간 만에 스페인어를 유창하게 구사할 수도 없다. 그런데 유독 돈 관리만큼은 사람들이 이 원칙을 망각하곤 한다. 단기간에 벼락부자가 된 극소수의 신화에 매몰되어 자신에게도 그런 행운이 따를 거라는 환상에 빠지는 것이다.

부의 축적은 결코 그렇게 이루어지지 않는다. 진정한 부는 매달 조금씩 쌓아 올리는 것이다. 오늘 당장 은퇴 자금 100만 달러를 준비해야 하는 것이 아니라, 이번 달에 단 몇백 달러라도 저축하는 것이 핵심이다.

그래서 반드시 월간 계획을 세워야 한다. 매달 은퇴 자금으로 400달러를 투자하고, 주택자금으로 700달러를 저축하며, 학자금 대출을 300달러씩 추가 상환하는 식이다. 다만 이런 방식의 유일한 단점은 지금 기울이는 단기적인 노력이 10년, 20년, 30년 뒤에 어떤 구체적인 결과로 돌아올지 직관적으로 알기 어렵다는 점이다.

만약 지금 그런 막막함을 느끼고 있다면 여기 아주 반가운 소식이 있다.

대출과 복리를 효율적으로 관리하는 금융 계산기

금융업에 종사한다는 이유로 나를 수학 천재라 오해하는 이들이 있다. 나는 결코 수학 천재가 아니다. 다만 금융 계산기만큼은 능숙하게 다루는 전문가다. 만약 자산 관리에 성공하고 싶다면 금융 계산기를 능숙하게 활용할 수 있어야 한다.

사람들은 대개 장기적인 목표는 세우지만, 정작 이를 달성하기 위해 당장 실행해야 할 단기적 과제가 무엇인지는 잘 모른다. 금융 계산기는 바로 이 지점에서 해답을 제시한다. 예를 들어 15년 안에 자녀 교육비로 10만 달러(약 1억 4000만 원)를 마련하겠다는 목표가 있다고 가정해 보자. 복리를 고려할 때 매달 얼마를 저축해야 목표액에 도달할 수 있을지는 계산기 없이는 알기 어렵다. 마찬가지로 8년으로 예정된 학자금 대출 상환 기간을 5년으로 단축하고 싶을 때 매달 상환액을 얼마씩 늘려야 하는지도 막막할 수 있다. 이럴 때 필요한 것이 바로 복리 계산기와 대출 계산기다.

맞춤형 복리 계산기

30년 동안 매달 400달러(약 56만 원)씩 투자할 경우, 자산 총액이 86만 8000달러(약 12억 1520만 원)로 불어난다는 걸 알고 있는가? 더욱 놀라운 점은 이 막대한 금액 중 우

<복리 계산기>

리가 직접 투입한 원금은 겨우 14만 4000달러에 불과하다는 사실이다. 나머지 72만 4000달러는 '복리'라는 마법이 가져다준 선물이다. 복리의 위력을 깨달은 학생들은 매달 투자액과 기간을 이리저리 바꿔보며, 미래의 자산 가치를 확인하기 위해 계산기에 숫자를 집착적으로 입력하곤 한다.

복리 계산기의 사용법은 매우 간단하다. 초기 투자금과 월 투자액, 투자 기간, 예상 수익률, 그리고 여기에 이자가 얼마나 자주 붙는지를 결정하는 복리 횟수(연 복리 또는 월 복리 등)만 입력하면 충분하다. 복리 계산의 핵심은 '이자에 이자가 붙는 것'이다.

S&P500을 추종하는 저비용 인덱스 펀드에 투자한다면 장기 투자로 약 10%의 투자 수익률을 얻는다는 점을 기억하라. 이러한 정보를 입력하면 현재 투자 가능한 금액을 바탕으로 미래의 자산이 얼마인지 복리 계산기가 잘 알려준다. 다음의 표에서는 월 투자액과 투자 기간에 따른 복리의 힘을 확인할 수 있다.

<표 5-1> 투자 수익률 10%일 때 잠재 수익

투자 기간	월 100달러	월 250달러	월 500달러	월 1000달러
5년	8058달러	2만 146달러	4만 293달러	8만 587달러
10년	2만 1037달러	5만 2593달러	10만 5187달러	21만 374달러
15년	4만 2000달러	10만 4849달러	20만 9698달러	41만 9396달러
20년	7만 5603달러	18만 9007달러	37만 8015달러	75만 6029달러
25년	12만 9818달러	32만 4545달러	64만 9090달러	129만 8181달러
30년	21만 7132달러	54만 2830달러	108만 5660달러	217만 1321달러
35년	35만 7752달러	89만 4380달러	178만 8760달러	357만 7521달러
40년	58만 4222달러	146만 555달러	292만 1110달러	584만 2221달러

이 표를 보고 놀라는 사람이 많다. 복리가 얼마나 강력한 힘을 가졌는지 몰랐기 때문이다. 투자 기간이 길어질수록 복리의 힘은 더욱 커진다. 예를 들어 20년 동안 주식에 월 500달러(약 70만 원)씩 투자한다면 투자금은 12만 달러(약 1억 6800만 원)다. 직접 투자한 돈은 이것뿐이지만, 시장에 작동하는 복리 덕분에 가지게 될 돈은 37만 5000달러가 넘는다.

이 표가 현재 투자 전략에 대한 기대를 높이는 데 도움이 되겠지만, 표에 적힌 숫자는 각자의 경제적 상황에 맞춰져 있지 않을 가능성이 높다. 복리 계산기를 활용하면 매달 일정액을 투자했을 때 미래 자산이 얼마나 불어날지 확인할 수 있고, 목표 금액을 달성하기 위해 매달 얼마씩 투자해야 하는지도 정할 수 있다.

맞춤형 대출 계산기

학자금 대출과 자동차 대출을 상환하는 동안 대출 계산기는 줄곧 요긴한 도구가 되어 주었다. 구매 자금을 조달하는 데 드는 실제 비용이 얼마인지, 그리고 매달 상환액을 늘

〈대출 계산기〉

리면 돈을 얼마나 아낄 수 있는지 명확히 보여주기 때문이다.

예를 들어 주택을 구매하기 위해 45만 달러(약 6억 3000만 원)를 대출받아야 한다고 해 보자. 하지만 연이율APR, Annual Percentage Rate과 대출 상환 기간 360개월(30년)을 고려해 계산해 보면 대출에 드는 총비용은 97만 5000달러다. 이 말은 빌린 원금보다 이자를 더 많이 갚아야 한다는 뜻이다. 이자만 무려 약 52만 달러다.

이러한 상황에 대비하려면 대출 계산기를 활용해 전체 이자액을 획기적으로 줄이는 데 드는 비용이 얼마인지 확인해 보면 좋다. 이 경우 월 상환액(원금+이자)은 2700달러지만, 월 상환액을 300달러만 늘리면 7년이나 빨리 대출을 전액 상환할 수 있고, 이자액 부담도 약 14만 달러나 줄어든다. 아래의 표는 월 상환액이 전액 상환 완료 기간과 이자 부담액에 얼마나 영향을 미치는지 보여준다.

<표 5-2> 월 상환액과 이자 부담액

대출금액	월 상환액	전액 상환까지 걸리는 시간	이자 부담액
45만 달러	2700달러	30년	52만 1271달러
45만 달러	3000달러	23.2년	38만 3932달러
45만 달러	3300달러	19.2년	30만 8292달러
45만 달러	3600달러	16.4년	25만 8471달러

앞의 표에 적힌 숫자는 대출 계산기로 계산해서 나온 것이다. 매달 상환액을 늘리면 이자 부담액이 줄어든다는 건 대부분 아는 이야기다. 하지만 대출 계산기는 이자 부담액이 얼마나 줄어드는지 정확하게 보여주고, 월 상환액을 조정하면 얼마나 빨리 대출에서 벗어날 수 있는지도 정확하게 알려준다.

금융 계산기를 활용할 때 얻을 수 있는 가장 큰 이점은 오늘 내가 움직인 결과가 미래의 경제 상황 전망에 어떻게 직접 영향을 미치는지 볼 수 있다는 것이다. 매달 투자 금액을 겨우 100달러 늘린다고 해서 큰 차이가 없다고 생각하기 쉽다. 하지만 복리 계산기를 써 보면 매달 금액을 조금만 늘려도 25년이 지나면 추가 수익이 13만 달러까지 늘어날 수 있다는 걸 알게 된다. 나는 이 사실을 알고 힘이 났다. 매일의 변화는 눈에 띄기 어렵다. 하지만 금융 계산기를 통해 매달 납입하는 금액이 미래에 엄청난 부를 가져다주는 걸 보면 계속해나갈 동기를 부여받는다.

이번에는 각자의 경제적 상황에 맞는 구체적인 목표를 설정하는 방법에 대해 알아보자.

새로 태어난 자녀의 대학 학자금을 마련하고 싶다고 가정해 보자. "아이 대학 등록금을 미리 모아둬야지." 이것은 모호한 계획이다. 자녀의 대학 학자금을 정확히 얼마나 모으고 싶은가? 그 목표를 달성하려면 매달 얼마를 저축해야 하는가? 또 어떤 계좌를 활용할 것인가? 대학 학자금 마련이라는 목표를 향해 의미 있는 첫발을 내딛기 전까지 이 모든 질문에 명확히 답할 수 있어야 한다.

첫째, 저축 목표 금액은 얼마로 정해야 할까? 대학 학자금 마련을 위해서 저축 목표를 설정하려면 대학 졸업생의 평균 학자금 대출액이 얼마인지 알아야 한다. 교육 데이터 이니셔티브 Education Data Initiative*에 따르면 2024년 7월 기준 평균 학자금 대출액은 3만 8000달러(약 5300만 원)다. 향후 대학 등록금이 인상될 가능성을 고려해 목표 금액을 5만 달러(약 7000만 원)로 넉넉히 잡아 보자. 이제 명확한 목표가 생겼다. 이 금액으로 대

---

* 미국의 교육 관련 데이터를 수집, 정리하여 대중에게 제공하는 독립 연구 단체다. 주로 대학 등록금 추이, 학자금 대출 통계, 교육 예산의 경제적 효과 등을 분석하여 보고서를 정기적으로 발행한다.

학 교육비 전액을 충당할 수는 없겠지만, 학자금 대출을 최소화하는 데는 분명 큰 도움이 될 것이다.

자, 이제 18년 안에 5만 달러를 모아야 한다는 목표가 생겼다. 그런데 돈을 어디에 투자할 것인가? 다행히 교육비 마련을 위한 529 저축 계좌라는 대안이 있다. 529 계좌는 일반 은행 계좌보다 훨씬 효과적으로 교육비를 준비할 수 있는 수단으로 퇴직연금 계좌와 유사한 방식으로 운영된다. 매달 일정 금액을 납입하고 투자 방식을 결정하면 그다음은 복리가 마법을 부릴 차례다. 투자 상품은 대개 뮤추얼 펀드나 인덱스 펀드가 될 가능성이 크다. 또 이러한 상품들은 내가 일하지 않는 시간에도 스스로 일을 하며 몸집을 키워갈 것이다.

529 계좌의 가장 큰 장점은 비과세 인출이다. 대학 등록금, 교과서, 학습용 노트북 등 교육 목적으로 사용하는 한, 복리를 통해 얻은 모든 수익을 세금 한 푼 내지 않고 그대로 누릴 수 있다.

이제 5만 달러를 만들기 위해 투자 수단으로 529계좌를 선택했다. 그렇다면 매달 얼마나 투자해야 할까? 시장 평균 투자 수익률은 약 10%고, 인덱스 펀드에 투자할 것이므로 앞으로 18년 동안 10%의 이익을 얻는다고 가정할 수 있다. 그렇지만 보수적으로 접근해 수익률을 8%로 가정하자. 그러고 나서 복리 계산기에 숫자를 입력한다.

 난생처음 시작하는 돈 공부

• 초기 투자금:

• 월 투자액:

• 투자 기간:

• 예상 연 수익률:

• 복리 빈도:

월 투자액란에 금액을 대입해 보면 매달 105달러 투자 시 5만 달러를 합리적으로 모을 수 있다.

구체적인 목표 설정이란 바로 이런 것이다. "아이의 대학 학자금을 마련하기 위해 돈을 모을 거야"라는 모호한 다짐 대신, "529 저축 계좌를 개설해 매달 105달러씩 인덱스 펀드에 투자할 거야. 연 수익률이 8%라고 가정하면 18년 뒤에는 5만 달러가 조금 넘는 돈이 모이겠지"라고 말하는 식이다. 이 금액이 단순한 저축의 합계가 아니라, 시간이 스스로 일하며 만들어낸 복리의 열매라는 점을 기억하면 더욱 힘이 날 것이다. 물론 이 계산 결과는 세금, 수수료, 소수점 처리 기준 등에 따라 약간의 오차는 있을 수 있다. 하지만 중요한 것은 정교한 소수점이 아니라, 시간이 자산을 불려 나가는 거대한 흐름을 이해하는 것이다.

목표를 구체화하면 달성 확률은 비약적으로 높아진다. 다만 이러한 목표를 세우려면 모든 지출 내역을 파악할 수 있는 전용 예산안이 반드시 뒷받침되어야 한다. 현재 예산을 관리하고 있지 않거나 방법을 모른다고 해서 당황할 필요는 없다.

2부의 시작인 다음 장에서, 1부에서 배운 지식을 실천에 옮기는 구체적인 방법과 효과적인 예산 수립법을 자세히 소개할 예정이다. 항목을 하나씩 정리하다 보면 막막했던 미래가 숫자로 명확해지는 경험을 하게 될 것이다. 이제 이론을 넘어 당신의 자산을 실제로 움직이게 할 구체적인 설계도를 함께 그려보자.

결론만 모아보기

- **돈을 모으는 근본적인 이유를 파악하라.** 늘어난 자산을 어떻게 활용할지 구체적인 계획이 미리 서 있어야 한다. 예산을 세울 때든 급여가 오를 때든, 새로 생기는 여윳돈을 어디에 사용할지 결정해야 한다.

- **한 달에 한 번씩, 차근차근 부를 쌓아라.** 목표를 향해 적절한 속도로 나아가고 있는지 매달 점검하라. 오늘 당장 퇴직연금 계좌에 100만 달러를 채워 넣을 필요는 없다. 그저 매달 몇백 달러씩 꾸준히 투자하면 충분하다.

- **목표를 설정할 때 금융 계산기를 적극적으로 활용하라.** 매년 5만 달러를 인출할 수 있을 만큼 은퇴 자금을 모으고 싶다면, 복리 계산기를 사

 난생처음 시작하는 돈 공부

용해 목표 지점까지 매달 얼마씩 저축해야 하는지 정확히 확인하라.

· **목표는 구체적일수록 좋다.** "은퇴를 대비해 50만 달러를 모아야지" 같은 생각은 나쁜 목표의 전형이다. 반면 좋은 목표는 다음과 같다. "매달 퇴직연금 계좌에 350달러씩 넣어 생애주기 펀드에 투자할 거야. 연평균 수익률 8%를 가정하면 30년 뒤 계좌 가치는 약 50만 달러가 될 거야."

2부

돈을 쉽게 다루는
재테크 실전 수업

6장

금융 재활 프로젝트

: 효과적인 예산 수립의 기술

나는 20대의 대부분을 완전히 빈털터리로 보냈다. 대만에서 5년 동안 영어를 가르쳤지만, 귀국을 결정하기 전까지 단 한 푼이라도 저축할 생각은 전혀 하지 못했다. 저축을 시작하고 몇 달이 지났을 무렵, 은행 계좌에 남은 돈은 겨우 5000달러(약 700만 원) 정도였다. 그 정도면 중고차를 사고 로스앤젤레스로 이사하는 비용을 감당하기에 충분할 것이라 믿었다. 하지만 로스앤젤레스는 생활비가 비싸기로 악명 높은 도시였고, 내 판단은 완전히 빗나갔다.

번아웃 없는 재테크의 시작

로스앤젤레스에서 아르바이트를 하며 버는 돈은 그저 하루하루 버티기에 급급한 수준이었다. 대만에 살 때와 수입은 비슷했지만, 이제는 로스앤젤레스의 물가를 감당해야 했다. 대만에서보다 돈이 훨씬, 아니 비교도 안 될 정도로 많이 들었다. 이처럼 생활 환경이 확연히 달라졌음에도 생활 방식은 전혀 변하지 않았다. 정기적으로 외식을 즐겼고, 적어도 일주일에 한 번은 밖에서 술을 마셨다. 당시 돈 문제와 관련해 정기적으로 했던 유일한 일은 일요일 아침마다 은행 앱을 여는 것이었다. 주말 동안 돈을 얼마나 썼는지 확인하는 게 두려워서 한 손으로 화면을 가린 채 손가락 사이로 숫자를 조금씩 들여다보며 얼굴을 찡그리곤 했다. 통장에 잔액이 조금이라도 남아 있는 아침은 승리한 날이었다. 정신을 차리고 지출 내역을 직시해야 한다는 사실을 알고 있었지만, 생각만 해도 가슴이 답답하고 무서웠다. 그 이유는 다음과 같다.

1. 예산을 세우는 법을 전혀 몰랐다.
2. 무분별한 소비 습관과 마주해야 했다. 통장 잔고를 확인해야 했고, 나 자신 외에 아무도 탓할 수 없다는 걸 알았다.

학습적인 측면으로 보면 '예산 작성하기'는 쉽게 해결할 수 있는 문제지만, 소비 습관을 뒤돌아보면 죄책감과 불안이 따라오므로 그 어떤 일보다 감정적으로 대하게 되고 극복하기 어려운 심리적 두려움이 찾아온다. 안타깝지만 이 어려운 단계를 피해 갈 방법은 없다. 돈을 잘 관리하고 부를 쌓을 방법을 계획하고 싶다면 단 한 푼이라도 적재적소에 쓰기 위해 자세한 예산을 꼭 세워야 한다.

이번 장에서는 각자에게 맞는 예산을 세우는 법과 효과적인 자금 배분법을 다룰 것이다. 또한 잘 세운 예산은 삶의 자유를 구속하는 것이 아니라 오히려 더 큰 자유를 선사한다는 사실을 확인하게 될 것이다.

   난생처음 시작하는 돈 공부

통제된 지출은 더 큰 자유를 선사한다

몇 년 전 포르투갈로 휴가를 떠났을 때의 일이다. 어느 날 저녁, 식사 자리에서 젊은 미국인 부부가 남은 휴가 일정을 두고 대화하는 소리를 우연히 듣게 되었다. 남편은 남은 며칠 동안 도시의 유명한 와이너리들을 둘러보고, 집으로 가져갈 와인도 몇 병 사고 싶어했다. 미리 알아봐둔 근사한 레스토랑에서 저녁 식사를 하고 싶다는 바람도 덧붙였다.

반면 아내는 이번 휴가에서 돈을 충분히 썼으니, 남은 기간에는 자유롭게 관광하며 저렴한 식당에서 식사를 하고 돈을 아끼자고 제안했다. 그 모습을 지켜보며 안타까운 마음이 절로 들었다. 부부는 남은 휴가를 즐기는 대신, 돈 때문에 스트레스를 받으며 논쟁을 벌이고 있었다.

나 역시 그 부부와 같은 상황에 놓인 적이 많았다. 대책도 없이 여행을 떠났다가 돈이 모자라 하고 싶었던 일들을 포기하곤 했다. 남들이 즐거운 경험을 하는 모습을 부러운 눈으로 지켜봐야 했고 맛집 대신 저렴한 식당을 찾아 헤맸다. 집으로 돌아갈 때면 늘 내게 문제가 있다는 자괴감에 빠지곤 했다. 그러니 여행지에 도착했을 때보다 떠날 때의 마음이 더 우울한 건 당연한 일이었다.

돌이켜보면 당연히 실망할 수밖에 없는 결과였다. 머릿속으로 낭만적인 여행을 꿈꾸며 떠났지만, 경제적 여유가 없으니 그 어떤 경험도 제대로 하지 못한 채 내내 돈 걱정만 하며 시간을 보냈으니 말이다. 마음 한구석에서는 휴가를 떠날 형편이 안 된다는 사실을 이미 알고 있었다. 그럼에도 여행을 강행했다는 무책임한 결정이 스스로를 부끄럽게 만들었다.

경제적 불안은 여행과 휴가에만 국한된 게 아니었다. 좋아하는 아티스트의 콘서트에 가도 마음은 산만했다. 이미 비싼 티켓값을 지불했는데 여기에 터무니없이 비싼 음료나 간식까지 사 먹는 게 과연 합리적인 일인지 끊임없이 고민해야 했기 때문이다. 친구들과 레스토랑에 갈 때도 밥값을 어떻게 나눠야 할지 걱정하느라 대화에 온전히 집중하지 못했다. 크리스마스에 사랑하는 사람들을 위한 선물을 고를 때도 마찬가지였다. 감당할 수 없는 선물을 살 때 느끼는 경제적인 죄책감과 형편에 맞춘 '값싼' 선물을 살 때 드는 미안함 사이에서 매번 마음이 흔들렸다.

사고 싶은 물건을 사지 못하는 것에서도 좌절을 느꼈지만 좋아하는 일을 하면서도 정작 그 순간을 전혀 즐기지 못하는 상황은 영혼이 부서질 듯 고통스러웠다.

경제적 자유란 단순히 원하는 물건을 사고 활동을 즐기는 것에 그치지 않는다. 진정한 경제적 자유는 자신이 선택한 활동이나 구매한 물건을 아무런 스트레스 없이 마음껏 즐기는 데 있

 난생처음 시작하는 돈 공부

다. 그 비용을 감당할 여유가 충분하다는 사실을 스스로 알고 있기 때문이다.

요즘 나는 휴가를 떠나면 걱정에 휩싸여 쓴 돈을 계산하느라 시간을 허비하지 않는다. 오로지 여행에만 집중하고 순간을 만끽하며 새로운 장소와 문화가 주는 기쁨을 즐긴다. 한 해의 예산을 상세히 세워둔 덕분에 이 여행이 나의 경제적 기반을 흔들거나 다른 목표를 희생시키지 않는다는 확신이 있기 때문이다.

사람들은 보통 '예산'이라고 하면 엄격한 긴축 수단을 떠올린다. 쿠폰을 꼼꼼히 챙기고, 인스턴트로 끼니를 때워야 한다고 생각하는 것이다. 하지만 내가 생각하는 예산은 가장 가치 있는 일을 할 수 있게 해주고 그 일을 진심으로 즐기도록 돕는 도구다. 효과적인 예산 수립은 부를 쌓는 데 기여할 뿐만 아니라, 삶의 자유는 키워주고 스트레스는 줄여준다.

예산 설정을 한결 가볍게 받아들이는 방법은 목표 지향적이고 긍정적인 관점으로 접근하는 것이다. 흔히 지출을 줄이면 좋아하는 일을 포기해야 한다고 생각하기 쉽지만 실제로는 저축을 통해 그보다 훨씬 더 큰 목표를 달성할 수 있다.

예를 들어 나에게는 늘 갖고 싶었던 새 차가 있었다. 하지만 고민 끝에 결국 사지 않기로 했다. 여기에는 두 가지 명백한 이유가 있다.

1. 새 차를 사지 않음으로써 그동안 놓치고 살았던 삶의 즐거움에 더
   집중할 수 있다.
2. 현재 타는 차를 그대로 유지하며 아낀 돈으로 더 큰 미래를 그려
   볼 수 있다. 내 집 마련을 위한 자금을 모으거나 미뤄뒀던 여행을
   떠날 수도 있고, 은퇴 자금을 넉넉히 확보할 수도 있다(물론 이 모
   든 걸 다 할 수 있는 건 아니고, 이 중 하나를 골라야 한다).

이런 식으로 예산을 세우면 포기하는 것보다 얻는 게 훨씬
크다. 새 차를 사면 조금 더 행복해지기야 하겠지만, 그 돈으로
계획했던 일을 해낼 때만큼 행복하지는 않을 것이다. 예산을 세
우기 시작할 때는 처음 몇 달 안에 달성할 수 있는 현실적인 목
표 몇 가지만 떠올려라. 외식을 50% 줄여 150달러를 추가로 저
축하기, 구독 서비스를 중단해 소비 예산에 100달러를 추가하
기 등이 있다. 이렇게 모은 돈은 복리의 힘을 얻어 장기적으로
큰 힘이 되어줄 것이다.

예산 수립이 기대되는 또 하나의 이유는 예산이 전반적인 경
제 상황에 희망과 자신감을 불어넣어주기 때문이다. 현재 아무
런 계획 없이 돈을 쓰고 있다면 예산 하나가 만들어내는 삶의
변화에 깜짝 놀랄지도 모른다.

나의 경우, 예산을 세운 첫 달에만 200달러를 저축할 수 있
었다. 은행 계좌에 여윳돈이 남아 있다는 사실이 그저 놀라웠

　　　　　　　　　난생처음 시작하는 돈 공부

다. 아무 생각 없이 돈을 쓰고 잔액 확인을 회피하는 것보다, 예산을 지키며 돈을 모으려 노력하는 편이 부를 쌓는 데 훨씬 효과적이라는 사실을 누가 모르겠는가? 하지만 경제 상황이 실제로 나아지는 것을 눈으로 확인하자, 올바른 금전 관리 습관을 더 키우고 싶다는 열정에 불이 붙었다.

무엇보다 가장 큰 수확은, 예산을 관리하기 시작하면서 내 경제적 미래를 스스로 '통제할 수 있다'라는 자신감을 얻은 것이다. 경제적 습관과 순자산 사이에는 '직접적인 상관관계'가 있다는 사실을 비로소 깨닫게 되었다.

의지력을 낭비하지 않는 소비 통제법

올해 나는 스트레칭을 더 자주 하기로 했다. 1월 첫째 주와 둘째 주에는 매일 네 번씩 꾸준히 스트레칭을 했고, 그 밖에도 틈이 날 때마다 스트레칭 동작을 해댔다. 하지만 1월 말에 접어들며 학교 일이 바빠지자, 내가 세운 비현실적인 계획을 더 이상 지킬 수 없었다. 그러다 결국 스트레칭 자체를 아예 포기해버리고 말았다. 초기의 야심 찬 의욕이 오히려 감당하기 힘든 불편함으로 돌아온 것이다.

만약 횟수를 하루에 한두 번으로 줄이기만 했어도 건강에는 여전히 큰 도움이 되었을 것이다. 하지만 기대치가 너무 높았던 탓에 횟수를 줄이는 것 자체가 마치 실패처럼 느껴졌다. 애초에 내 역량을 벗어난 무리한 계획을 세웠던 셈이다. 예산을 계획할 때도 반드시 이 점을 기억해야 한다.

현재 다음과 같은 월간 소비 습관을 지닌 사람이 있다고 가정해 보자. 헬스장 회원권 200달러, 각종 OTT 구독 서비스 80달러, 마사지 100달러, 월 10회 외식. 그러다 우연히 SNS에서 재테크 관련 게시물을 보고, 예산 수립에 열의를 불태우게 되었다. 헬스장을 그만두고, OTT 구독은 한 가지만 유지하고, 마사지 받는 것도 그만두고, 외식은 아예 없앴다. 그 열정만큼은 응원해주고 싶다. 하지만 이런 식이라면 장담하건대 오래가지 못한다.

소비 항목들은 확실히 행복을 준다. 그러므로 이를 한번에 전부 없애버리면 생활 방식에 엄청난 충격이 가해진다. 설상가상으로 급격한 변화에서 오는 스트레스를 해소할 방안이 거의 없다. 퇴근 후, 예전처럼 헬스장에 갈 수 없다는 사실에 슬슬 짜증이 밀려온다. 저녁 시간이 되어도 즐겨찾던 식당 대신 직접 요리를 해먹어야 하는 처지가 되니, 좌절감은 한층 더 깊어진다. 식사 후 찾아온 휴식 시간도 고통스럽긴 마찬가지다. 주변 사람들이 모두 입을 모아 이야기하는 화제의 드라마를 볼 수 없게 되니 소외감이 이만저만이 아니다. 이처럼 지나치게 야심 찬 계획은 실패할 수밖에 없다. 이는 평생 단 하루도 운동해 본 적 없는 사람이 몸매를 가꾸겠다고 철인 삼종 경기에 참가하는 것이나 다름없다. 이렇게 되면 단 한 구간도 완주하지 못할 뿐만 아니라, 그 경험이 너무 힘들어 아예 운동 자체를 피할 가능성이 크다.

그러므로 돈 씀씀이 전체를 하루 만에 다 손보려 하는 대신 예산에 점진적으로 접근하는 방식을 권한다. 방금 살펴본 것처럼 지나치게 야심 차게 접근하는 대신 한 번에 한 가지 항목만 고치는 데 집중하자.

우선 외식 횟수를 절반으로 줄여서 한 달에 열 번이 아니라 다섯 번으로 한다. 첫 단계로서 훨씬 실행하기 쉽고, 생활을 무리하게 바꾸지 않고도 예산 설정의 미덕을 맛볼 수 있다. 게다가 다섯 번의 외식 대신 집밥을 먹으면 첫 달에만 50~75달러 정도 모인다. 생활을 바꿀 정도의 금액은 아니지만, 새로운 소비 습관으로 실질적인 결과를 만들어낼 수 있다는 점을 증명하기엔 충분하다.

그렇게 생긴 여윳돈으로 대출을 상환하거나 퇴직연금 계좌에 더 투자한다. 그러면 순자산이 즉각 늘어난다. 무엇보다 중요한 건 그 작은 추진력 덕분에 예산 활동과 긍정적인 관계를 맺고, 소비 관리를 둘러싼 불안감이 어느 정도 해소되는 것이다.

예산을 한 번도 세워 보지 않은 사람은 이러한 과정이 버겁게 느껴질 수 있다. 그러므로 시간을 가지고 경제적으로 더 책임감 있는 생활 방식을 서서히 맞춰가는 편이 좋다.

돈을 많이 벌면 모든 문제가 해결될 거라는 착각

효과적인 예산 관리를 위해서는 순자산의 궤적을 꼭 파악해야 한다. 매달 순자산이 줄어드는지, 늘어나는지, 아니면 제자리인지 간단한 방정식을 사용하면 쉽게 알 수 있다(투자와 그에 따른 수익이 순자산 규모에 분명 큰 역할을 하지만, 여기서는 재테크 여정의 초기에 있는 사람을 대상으로 삼아 투자를 많이 하지 않은 상태로 가정한다).

수입 - 지출 = 순자산의 변화

수입은 자산을 쌓는 데 가장 중요한 요소다. 하지만 지출을 통제하는 효과적인 예산 관리 또한 필수다. 또 예산 관리는 재산 방정식에서 유일하게 좌우할 수 있는 요소다. 기름값은 스스로 결정할 수 없고, 연봉도 정할 수 없다. 하지만 돈을 어떻게 쓸지는 스스로 정할 수 있다. 어떤 차를 탈지, 어떤 집에 살지, 어떤 음식을 먹을지 등은 우리가 선택한다.

한 친구는 연봉이 나보다 3만 달러(약 4200만 원)나 더 높았음에도 돈이 없다며 끊임없이 불평했고, 내 순자산이 자신보다 훨씬 빠르게 늘어난다며 깜짝 놀랐다. 나는 친구에게 예산 가운데 딱 세 가지 항목에 대해서만 질문했는데, 통제되지 않는 지출이 얼마나 큰 손해를 가져오는지 곧바로 알 수 있었다. 다음 표는 당시 친구와 나의 월세, 자동차, 식비에 대한 월간 지출액을 보여준다.

<표 6-1> 친구와 나의 지출 차이

	나	친구	월간 차이	연간 차이
월세	1400달러	3200달러	1800달러	2만 1600달러
자동차	0달러	1000달러	1000달러	1만 2000달러
식비	700달러	1200달러	500달러	6000달러
총액	2100달러	5400달러	3500달러	3만 9600달러

첫 번째로 짚어야 할 사항은 우리가 같은 도시에 살고 있었다는 점이다. 한 달 월세로 3200달러(약 448만 원)를 내는 사람을 보면 놀랄지도 모르겠다. 게다가 그만한 월세를 감당할 만큼 연봉이 높다는 사실에 질투가 날 수도 있다. 하지만 그것은 내가 전달하려는 메시지의 본질과는 정반대의 관점이다.

이 표의 핵심은 둘 사이의 소비 차이를 강조하려는 데 있다. 단 세 가지 항목만으로도 친구는 나보다 1년에 거의 4만 달러나 더 많은 돈을 쓰고 있었다. 연봉도 높고, 고급 아파트에 고급 자동차, 그리고 고급 레스토랑에 자주 방문하는 등 겉보기에는 부유해 보일지 몰라도, 친구는 빈털터리였다. 매달 받는 급여를 어떻게 관리해야 할지에 대한 '계획'이 없었기 때문이다. 이는 유명인이나 운동선수에게도 자주 일어나는 현상이다. 엄청난 돈을 버는 사람들인데도 파산했다는 기사가 헤드라인을 장식하곤 한다.

여기서 한 가지 분명한 사실을 알 수 있다. 경제생활이라는 방정식에서 수입은 그저 하나의 항에 불과하다는 것이다. 돈 문제로 고생하는 사람들은 대부분 돈만 많으면 모든 문제가 해결되리라 생각한다. 안타까운 일이지만 구체적인 금전 관리 계획이나 예산이 없는 상태에서 수입만 늘어나면 이는 대체로 더 무분별한 소비로 이어질 뿐이다.

덧붙이자면, 나중에 이 친구는 좀 더 월세가 저렴한 곳으로 이사했고 식비 예산도 낮춰서 매달 총 1500달러씩 지출을 줄였다. 더 이상 고급 아파트에 살지는 않지만 이제는 매달 그 1500달러를 퇴직연금 계좌에 투자한다. 은퇴할 때쯤 수백만 달러를 손에 쥐는 길로 순조롭게 나아가고 있는 것이다. 친구의 말에 따르면 예전에 살던 고급 아파트가 가끔 그립기는 하지만 확실한 은퇴 계획이 있다는 안도감과 과도한 지출로 인한 죄책감에서 벗어난 해방감이 그 그리움보다 훨씬 더 크다고 한다.

예산 관리의 중요성을 인지했다면 이제는 자신의 재정 상태를 직시하고 지출을 통제해야 하는 실행 단계에 돌입해야 한다. 이 과정은 단기적으로 스트레스를 주겠지만, 장기적으로는 불안을 줄여주고 더 큰 재정적 자유를 선사할 것이다.

첫째, 부의 방정식을 구성하는 항목들을 큰 틀에서 살펴보아야 한다. 매달 수입과 지출은 얼마인가? 수입을 정산할 때는 반드시 세후 소득을 기준으로 해야 한다. 흔히 실수령액이라고도 부른다.

세후 소득은 지난 급여명세서를 보면 쉽게 알 수 있다. 만약 매달 급여가 달라진다면 지난 6개월간의 평균 세후 소득을 구하라. 일을 시작한 지 아직 6개월이 되지 않았다면 확인 가능한 달의 소득을 합산해 평균을 내면 된다.

첫 번째 과제를 통해 예산 관리를 어떻게 해야 할지 감을 잡았을 것이다. 실수령액을 알고 있다면 시작이 좋다. 대략적인 금액만 알아도 나쁘지 않다.

부의 방정식에서 지출 항목을 확인하기 전에 먼저 스스로에게 물어보라. "현재의 실수령액이 내 모든 경제적 목표를 달성할 만큼 충분한가?" 만약 대답이 "전혀 아니다"라면 부족한 수입을 상쇄하기 위해서라도 세부적인 예산을 세우는 일이 무엇보다 중요하다.

다음으로 월간 지출을 점검해야 한다. 은행 앱을 사용한다면 지난 몇 달간의 지출 내역을 꼼꼼히 살피고, 월평균 총소비액을 계산해 보라. 만약 매달 일정 금액을 투자하고 있다면, 그 투자금은 지출에 포함하지 않는다. 투자금은 저축이나 투자 항목으로 따로 기재해야 한다. 그것은 순자산을 늘려주는 돈이기 때문이다.

아직은 소비 내역을 일일이 분류하며 세심히 살필 필요는 없다. 우선 총소비액을 파악할 수 있도록 모든 지출 비용을 더하기만 하면 된다. 이렇게 구한 월평균 지출액을 매달 들어오는 수입과 비교해 보자. 그러면 대체로 다음 세 가지 범주 중 하나에 속하게 될 것이다.

A. 지출이 수입보다 많아, 매달 순자산이 줄어드는 상태

B. 수입이 지출보다 많아, 매달 순자산이 늘어나는 상태

C. 수입과 지출이 거의 비슷해, 매달 순자산이 제자리걸음인 상태

여기서 얻은 결과에 대해 도덕적 판단을 내리지 않도록 최선을 다하라. 범주 A에 속한다고 해서 실패한 것이 아니고, 범주 B에 속한다고 해서 워런 버핏처럼 부자가 되는 것도 아니다. 이 활동의 목적은 현재 예산 상황을 전반적으로 이해하고, 매달 얼

난생처음 시작하는 돈 공부

마씩 부가 늘어나고 있는지 혹은 줄어들고 있는지 수치화하는 것이다. 사람들은 대부분 그달 벌어 그달 먹고산다는 점을 기억하자.

돈이 알아서 일하게 하는 자동 투자법

예산 관리를 하는 데 품이 너무 많이 든다는 이유로 도중에 그만두는 사람이 많다. 매일 혹은 매주 비용을 분류하고, 각 예산의 범주 안에서 쓸 수 있는 돈이 얼마나 남았는지 계산해야 하기 때문이다. 이런 번거로움을 피할 가장 좋은 방법은 고정비 지출과 목표 저축액을 자동화하는 것이다.

예산 작성이라고 하면 매달 초 자리를 잡고 앉아서 가진 돈을 10원 하나까지 일일이 배분하는 작업이라고 오해하는 사람이 많다. 월세로 1600달러, 자동차 할부금 500달러, 통신비 100달러를 하나하나 제하는 식이다. 듣기만 해도 지루하고 끔찍하다. 하지만 제대로 된 예산 관리 시스템을 갖추면 오히려 재량껏 쓸 수 있는 돈의 선택지는 줄어든다. 모든 비용과 투자금이 자동으로 빠져나가기 때문이다.

정기적으로 발생하는 비용을 매달 자동 납부되도록 설정해두면 월별 실제 예산을 더욱 정확하게 파악할 수 있고 납부를 잊어버리는 일도 피할 수 있다. 납부를 잊으면 신용 점수가 깎일 가능성이 있고, 장기적으로는 금전적 손실을 초래한다.

이번 장의 앞부분에서 월 세후 소득과 월 지출 비용을 비교했다. 이제 모든 고정비를 더해 그 총액을 월 실수령액에서 차감해야 한다. 한 부부의 월 세후 소득과 고정비를 예시로 살펴보자.

월 실수령액 7000달러에서 총 고정비 4040달러를 빼면 남는 금액은 2960달러다. 이 금액이 실제 예산이다. 7000달러라는 금액보다 2960달러라는 금액이 예산 설정에 훨씬 도움이 된다. 반복적으로 발생하는 비용은 매달 빠져나가는 돈이므로 대출을 다 갚거나 이용 중인 서비스를 취소하지 않는 한 기본적으로 그 돈을 달리 사용할 수 없기 때문이다.

지출 비용을 매달 자동이체하는 사람은 이미 많지만, 투자금을 자동이체하는 사람은 많지 않다. 자동 투자를 설정하기 위해서는 목표가 이미 설정되어 있어야 하고,

<표 6-2> 월간 고정비 예시

월세	2200달러
자동차 할부금(두 대)	800달러
각종 구독료	50달러
헬스장 회원권	80달러
보험료	250달러
인터넷 사용료	100달러
학자금 대출 상환	300달러
통신비	100달러
반려동물 사료비	100달러
반려동물 보험료	60달러
총 고정비	4040달러
실수령액 – 총 고정비 = 실제 예산	2960달러

난생처음 시작하는 돈 공부

그 방법을 잘 이해해야 한다.

이해를 돕기 위해 월 실수령액이 7000달러인 부부의 상황을 가정해 보자. 우선순위는 두 가지다. 첫째, 30년 동안 퇴직연금 계좌에 100만 달러를 모으는 것. 둘째, 3년 뒤 유럽 여행을 가기 위해 1만 5000달러를 모으는 것. 현재 두 가지 목표를 위해 모아둔 돈은 전혀 없다. 우선 복리 계산기를 이용해 10%의 수익률을 가정하면 100만 달러의 은퇴 자금을 위해서는 매월 500달러를, 유럽 여행을 위해서는 매월 400달러를 투자해야 한다는 걸 알게 되었다(휴가 비용을 위한 투자에서는 투자 수익률을 2%로 설정했고, 고금리 적금 계좌를 이용하는 것으로 가정했다).

다음 표에서 보듯이 예산에 은퇴 자금과 휴가 자금을 위한 투자를 더하고 나니 이제 남은 돈은 2060달러다. 이 금액이 바로 그달에 죄책감

<표 6-3> 고정비&고정 투자비

고정비	
월세	2200달러
자동차 할부금(두 대)	800달러
각종 구독료	50달러
헬스장 회원권	80달러
보험료	250달러
인터넷 사용료	100달러
학자금 대출 상환	300달러
통신비	100달러
반려동물 사료비	100달러
반려동물 보험료	60달러
총 고정비	4040달러

고정 투자	
은퇴 대비	500달러
휴가 비용 마련	400달러
총 고정 투자비	900달러
실수령액 - 총 고정비 - 총 고정 투자비 = 실제 예산	2060달러

없이 써도 되는 '실질적인 가용 예산'이다. 이 돈으로 식비, 오락비, 기타 비용 등을 전부 해결해야 한다.

나는 이 금액을 '죄책감 없는' 예산이라고 부른다. 그 이유는 필수 지출과 투자 금액을 이미 제외한 금액이기 때문이다. 즉, 경제적 우선순위를 먼저 해결했다는 확신을 가지고 쓸 수 있는 돈이라는 뜻이다. 실수령액 7000달러와 비교하면 훨씬 빠듯해 보일 수도 있다. 하지만 이 금액 안에는 이미 경제적 목표가 반영되어 있으며, 반복적인 지출을 자동화함으로써 자금 관리라는 골칫거리도 해결된 상태다. 만약 투자를 자동화한 후 남은 돈으로 생활비를 도저히 감당할 수 없다는 사실을 깨달았다면, 우리에게는 다음 세 가지 선택지가 있다.

A. **예산에서 지출을 줄일 항목을 찾는다.** 외식 대신 집밥을 더 자주 먹고, OTT 구독을 취소하고, 저렴한 헬스장을 찾는다.

B. **수입을 늘린다.** 부업을 시작하거나 연봉 협상을 통해 소득 자체를 높인다.

C. **목표치를 조정한다.** 매달 퇴직연금 계좌에 500달러를 투자하는 대신 300달러로 하향 조정한다. 매달 단돈 50달러라도 꾸준히 투자한다면 훗날 복리의 마법이 훨씬 더 큰 금액을 만들어준다는 점을 잊지 말자.

현실적인 목표를 세우고, 그 목표를 달성하기 위해서 매달 얼마씩 투자해야 하는지 정하자. 그 금액을 세후 소득에서 제하라. 남은 금액이 새로운 실수령액이다. 만약 이 금액만으로 일상적인 생활이 가능하다면, 효율적이고 스트레스가 적은 최적의 예산을 구축한 셈이다.

50/30/20, 돈 관리의 황금 비율

나는 목표 지향적인 예산 관리법을 적극적으로 지지한다. 목표로 한 저축액을 채우기만 하면, 남은 돈은 무엇을 위해 얼마나 쓰든 상관없다. 하지만 이보다 더 체계적인 방식을 선호하는 사람들도 많다는 점을 잘 알고 있다. 그렇다고 해도 걱정할 필요는 없다. 지금부터는 더 세부적인 선택지들을 소개하겠다.

50/30/20의 법칙은 인기 있는 예산 설정 전략으로, 급여 실수령액을 세 가지 범주로 나눈다. 예산의 50%는 '필수' 지출(월세, 식비, 보험, 교통비 및 기타 필수 항목)에 배정한다. 그다음 30%는 '선택' 지출(오락비, 외식비 및 기타 생활의 즐거움을 위한 선택 항목)에 배정하고, 나머지 20%는 '저축과 대출 상환'(학자금 대출 상환, 퇴직연금 투자 등)에 배정하는 방식이다. 다음 표는 월 실수령액이 4000달러인 1인 가구가 50/30/20의 법칙을 바탕으로

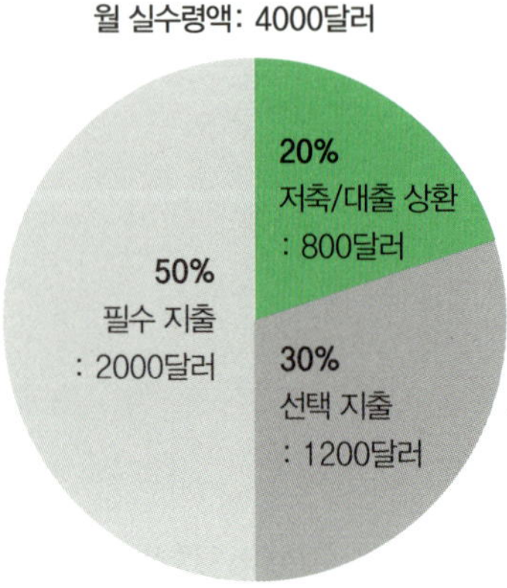

예산을 설정한 예시다.

로스앤젤레스처럼 물가가 높은 지역에 산다면 이 법칙을 그대로 적용하기 어려울 수 있다. 예를 들어 원룸 월세가 1600달러 이상인 곳에서는 필수 지출 예산 중 식비와 보험료, 자동차 할부금 등으로 쓸 수 있는 돈이 겨우 400달러뿐이다. 따라서 물가가 비싼 도시에서 이 정도 연봉으로 예산 비율을 맞추려면 룸메이트를 구해 주거비를 절감하는 등의 대안이 필요하다.

50/30/20의 법칙을 비판하는 사람은 내용에 체계성이 부족하다고 지적한다. 무엇이 필수 지출이고 무엇이 선택 지출인지 모호할 때가 많다는 것인데, 이는 타당한 지적이다. 누군가의 선택적 소비가 타인에게는 필수적인 지출일 수 있기 때문이다. 반면 옹호하는 이들은 이 방식이 열 개 이상의 항목으로 나뉜

복잡한 예산안보다 훨씬 관리하기 쉽다고 주장한다. 실제로 이렇게 단순화된 접근법을 편하다고 느끼는 사람도 많다.

또한 50/30/20 법칙은 특정 항목에서 과소비가 예상될 때 유용하다. 예를 들어 주거비 비중이 크다면 식비나 교통비를 줄여서 '필수 지출' 범주 전체를 실수령액의 50% 이내로만 맞추면 된다. 합계만 유지한다면, 주거비에 많은 돈을 쓴다는 사실에 죄책감을 느낄 필요가 없다.

10단계 월간 자금 매뉴얼

50/30/20의 법칙보다 더욱 체계적인 예산안을 원한다면 소득을 구체적으로 분류할 수 있는 예산 전략이 있다. 다음 표에 더 체계적인 예산안이 어떤 모습인지 보여주는 구체적인 사례를 정리해두었다.

이처럼 예산을 상세히 분류하는 방식은 돈의 흐름을

<표 6-4> 고정비: 백분율

예산 범주	월 예산 백분율
주거비	30~40%
보험료	10~20%
식비	10%
저축/은퇴 대비	10%
교통비	10%
공과금	5~10%
오락비	5~10%
개인 사용비	5~10%
운동비	5~10%
잡비	5~10%

파악하는 데 어려움을 겪는 사람에게 유용하다. 각 지출 항목에 정확히 얼마를 배정해야 하는지 명확한 기준을 제시해주기 때문이다. 물론 사람마다 상황이 다르므로, 어느 항목에서 가장 큰 문제가 발생하는지 파악하는 과정이 선행되어야 한다.

다음 표는 앞선 예시와 동일하게 실수령액이 4000달러인 사람이 이 방식에 따라 예산을 설정했을 때의 구체적인 모습을 보여준다.

이 예산안에는 대출 상환 범주가 없다는 점에 주목하라. 만약 갚아야 할 대출이 있다면 다른 지출을 조정해서라도 매달 가능한 최대 상환액을 파악하고, 최대한 빨리 전액 상환하는 것을 목표로 삼아야 한다.

이처럼 상세하게 예산을 짜는 방식을 매달 반복할 필요는 없다. 하지만 자산 관리를 막 시작한 이들에게는 훌륭한 출발점이 된다. 가이드를 따라 예산안을 작성하다 보면, 지출 구조 중 어느 부분에서 문제가 발생하는지 명확히 확인할 수 있기 때문이다.

<표 6-5> 월 실수령액 4000달러일 때 예산

예산 범주	월 실제 예산
주거비	1200~1600달러
보험료	400~800달러
식비	400달러
저축/은퇴 대비	400달러
교통비	400달러
공과금	200~400달러
오락비	200~400달러
개인 사용비	200~400달러
잡비	200~400달러
운동비	200~400달러

난생처음 시작하는 돈 공부

예산 관리 앱 활용하기

세상에는 기발하고 희한한 앱이 많다. 그중에는 예산 관리를 돕는 실용적인 앱도 존재한다. 나는 앱을 직접 쓰지 않지만, 주변에서는 앱 덕분에 돈 관리가 훨씬 간편해졌다는 호평이 자자하다. 이런 앱들은 은행 계좌와 연동되어 전체 자산 현황을 한눈에 보여준다. 특히 식비나 유흥비 등 항목별로 지출 한도를 설정하면, 한도에 도달하기 전 알림을 보내 과소비를 막아준다. 스마트폰으로 언제 어디서나 소비 내역과 목표 달성률을 확인할 수 있다는 것이 가장 큰 장점이다.

한 달 벌어 한 달 살면 성공이다

현재 누군가에게는 '한 달 벌어 한 달 사는 것' 자체가 목표일 수도 있다. 대부분의 재테크 조언이 간과하는 진실이다. 많은 재테크 전문가는 모든 경제적 어려움이 스스로가 초래한 잘못인 것처럼 말하고는 한다. "돈 관리를 잘했다면 이런 암울한 상황에 처하지 않았을 것"이라며 독자를 꾸짖지만 이는 말도 안 되는 소리다.

두 아이를 키우는 한부모가족의 가장이 연봉 4만 5000달러(약 6300만 원)고, 대출을 늘리지 않고 생계를 꾸려가고 있다면 나는 이 가정의 노력을 진심으로 높게 평가한다. 이런 상황에서 빚더미에 빠지지 않고 순자산을 안정적으로 지켜내려면 자녀

없는 고소득자가 매달 5000달러를 저축하는 것보다 훨씬 더 큰 자기통제와 헌신이 필요하기 때문이다.

결국, 아무리 쿠폰을 모으고 도시락으로 식비를 아끼며, 중고 매장을 애용한다 해도 급여 자체가 낮으면 한계가 있기 마련이다. 물론 이런 상황에 처해 있다고 해서 자산 형성을 포기하라는 뜻이 아니다. 다만 부족한 돈을 쪼개 쓰며 고군분투하기보다 수입을 늘리는 데 초점을 맞추어야 한다. "돈을 더 벌어야 상황이 나아진다"라는 말이 누군가에게는 힘 빠지는 소리로 들릴 수 있다는 점을 잘 안다. 하지만 저소득 구간에서는 부정할 수 없는 사실이다. 수입을 늘리는 과정은 느리게 진행된다. 시급이 높은 일자리를 얻기 위해서는 자격증을 따야 할 수도 있고, 현재 자리에서 가치를 증명해 연봉 협상에 나서야 할 수도 있다. 혹은 부업을 시작하는 방법도 있을 것이다.

부자가 되는 길은 멀다. 하지만 오늘 내딛는 그 작은 발걸음이 지금은 미미해 보일지라도 훗날 반드시 배당이 되어 돌아올 것이다.

무엇보다 기억해야 할 점이 있다. 한 달 벌어 한 달 사는 삶이 결코 실패한 인생은 아니라는 것이다. 낮은 급여나 불가피한 지출 속에서도 생계를 유지하고 있다면 그것만으로도 이미 엄청난 성취를 이뤄내고 있는 셈이다.

    난생처음 시작하는 돈 공부

월간 자금 매뉴얼

인생의 많은 것이 그렇듯 예산 관리에서도 가장 어려운 고비는 '시작'이다. 재테크 지침이나 일반적인 지출 법칙을 아는 것도 도움이 되지만 정작 내 예산 중 어느 항목에 우선순위를 두어야 할지 결정하는 단계에서 막히는 사람이 많다.

예를 들어 예상치 못한 약간의 여윳돈이 생겼을 때 이를 퇴직연금 계좌에 넣어야 할지, 아니면 대출을 갚는 데 써야 할지 고민에 빠지는 식이다. 앞서 이야기했듯이 결정을 내리는 게 어려워지면 결국 '아무것도 하지 않는' 상태에 머물게 된다. 하지만 분명한 사실은 아무것도 하지 않는 것이, 고민 중인 두 가지 선택지 중 그 어떤 쪽을 택했을 때보다 더 나쁜 결과를 초래한다는 점이다.

다음에 소개하는 순서도를 활용하면 복잡한 돈 관리 과정을 단순화하고 지금 나에게 필요한 곳에서 자금을 활용할 수 있다. 이 순서도를 '월간 자금 매뉴얼'로 생각하면 된다.

먼저 1단계를 통해 이번 달에 가용할 수 있는 총액을 확정한다. 그다음 그중 일부를 2단계 항목에 우선 배정한다. 이어서 3단계, 4단계 순으로 예산을 정리하며 예산이 모두 소진될 때까지 진행하면 된다. 만약 본인에게 해당하지 않는 단계가 있다면 미련 없이 건너뛰자. 이미 든든한 비상금을 마련해두었다면, 비상금을 모으라는 단계는 패스해도 좋다.

1단계. 월 실수령액을 파악하라

돈을 어디에 나눌지 고민하기 전에 한 달 생활비로 정확히 얼마를 써야 하는지부터
파악해야 한다. 기준이 되는 정확한 액수가 없으면 현실적인 목표를 세우는 것도,
특정 항목에서 과소비를 했는지 판단하는 것도 불가능하다.

2단계. 필수 비용을 산정하라

여기는 최우선순위이자, 예산을 짤 때 가장 먼저 배분해야 할 곳이다. 생존을 위
해 반드시 지출해야 하는 항목들이며, 이 기반이 갖춰줘야 비로소 돈을 벌 능력도
유지된다. 구체적으로는 월세, 식비, 공과금, 필수 구독료, 교통비, 통신비, 보험
료, 그리고 모든 대출의 최소 상환 금액(신용카드, 학자금 대출 등) 등이 여기에 해당
한다.

3단계. 소액 비상금을 만들어라

비상금은 예산을 관리하는 데 매우 중요하다. 처음에는 한 달 치 생활비 마련을 목
표로 삼거나, 우선 1000달러(약 140만 원)를 마련해 은행 계좌에 따로 넣어둬야 한
다. 비상금은 반복적으로 지출하는 항목은 아니다. 하지만 다른 재무 목표로 나아
가기 전에 이러한 안전망을 구축하는 것은 무엇보다 중요하다.

4단계. 회사가 제공하는 퇴직연금 프로그램이 있다면 회사의 기여금을 최대한으로 받아서 투자하라

직원의 퇴직연금 납입금에 맞춰 회사에서 기여금을 제공해준다면 이 기회를 최대
한 활용해야 한다. 만약 회사에서 급여의 3%까지 매칭해준다면, 매달 급여의 3%
씩 납입하자.

5단계. 고금리 대출(10% 혹은 그 이상)이 있다면 상환금을 추가 배분하라

고금리는 자산이 성장할 기회를 앗아간다. 이 단계에서 예산에 단돈 얼마라도 여
윳돈이 있다면 무조건 고금리 대출을 먼저 갚아라.

6단계. 비상금을 3~6개월 치 생활비 수준으로 늘려라

예산에서 언제, 어디서 갑작스러운 지출이 발생할지는 아무도 알 수 없다. 비상금
을 늘려두면 예기치 못한 경제적 어려움이 닥치더라도 흔들리지 않고 상황을 헤쳐
나갈 튼튼한 버팀목이 된다.

    난생처음 시작하는 돈 공부

7단계. 중금리 대출(4~10%)에 상환금을 추가하라

학자금 대출이나 자동차 할부금은 매달 상당한 고정 비용을 발생시킨다. 만약 중금리 대출이 있고, 예산 내 여윳돈이 있다면 중금리 대출 상환을 추가하라.

8단계. 퇴직연금 계좌에 더 많은 금액을 납입하라

지금부터 퇴직연금 계좌에 더 많은 금액을 투자한다면 미래에 훨씬 편안한 노후를 보내거나 나아가 조기 퇴직까지 할 수 있다. 이제 회사가 제공하는 퇴직연금 계좌의 납입액을 늘리자. 인사부서와 이야기해 매달 납입금을 조정하면 된다. 9장의 〈표 9-6〉을 참고하면 본인의 구체적인 목표를 달성하기 위해 매달 투자금을 정하는 데 큰 도움이 될 것이다.

9단계. 개인적인 목표를 위해 투자하라

여기까지 도달했는데도 예산에 여윳돈이 남아 있다면, 정말 훌륭하게 자산을 관리하고 있는 것이다. 이제 그 여유 자금을 특정 목표를 달성하는 데 투자할 차례다. 예를 들어 내 집 마련을 위한 계약금, 자녀의 학자금, 혹은 휴가 자금 등을 마련하는 식이다.

10단계. 죄책감 없이 소비하라

이 단계까지 다다랐다면, 이제는 어떤 부끄러움이나 불안도 느끼지 말고 진정으로 기쁨을 주는 곳에 마음껏 소비하라. 이미 경제적 책임을 전부 다 했고, 경제적 목표 달성을 위한 금액도 충분히 확보했기 때문이다.

예산 관리를 시작했다면, 대출을 전액 상환하는 것이 예산 수립 과정을 얼마나 단순화하는지 깨달았을 것이다. 현재 예산으로 위 단계들을 모두 이행하기 어렵다 해도 결코 실망할 필요 없다. 시간이 흐름에 따라 대출을 전체 상환하고, 수입이 늘어나면, 반드시 목표에 다다르게 될 것이다.

월간 자금 매뉴얼의 모든 단계를 완수하지 못했다면 또 다른 원인은 예산 내에 자산 형성 능력을 심각하게 저해하는 비싼 항목이 포함되어 있기 때문이다. 다음 장에서는 이처럼 예산을 갉아 먹는 항목을 피하는 법에 대해 알아본다.

결론만 모아보기

- **긍정적인 면에 초점을 맞춘다.** 예산 관리 때문에 하지 못하게 되는 일을 곱씹지 말고, 예산 관리 덕분에 얻는 것에 집중하라. 예산을 관리하면 내 집 마련을 위한 계약금 마련, 자녀를 위한 학자금 마련, 꿈꾸던 결혼식 등을 할 수 있다.

- **시간을 들인다.** 소비 습관을 바꾸는 건 어렵다. 그러므로 하루 만에 전체 예산을 점검하려 들지 마라. 감당할 수 있는 속도로 불필요하거나 비용을 부담할 수 없는 지출을 없애 나가라. 그래서 생활 방식에 큰 충격을 주지 않도록 한다.

- **지출을 통제해야 한다.** 지출을 통제하지 않는다면 급여가 인상되거나 예산에 추가 자금이 생겨도 경제적 문제를 해결하는 데 별 도움이 되지 않을 가능성이 크다.

- **지나간 날의 실수를 자책하지 마라.** 예산을 작성하려면 대개 자신의 소비 습관을 점검해야 해서 겁이 날 테고, 이는 한동안 피하던 일일 것이다. 과거의 행동은 바꿀 수 없다. 하지만 미래는 바꿀 수 있다.

   난생처음 시작하는 돈 공부

· **고정비 지출과 투자를 자동화한다.** 이 과정을 자동화하면 예산 관리가 훨씬 더 쉬워지고, 죄책감 없이 쓸 수 있는 돈이 생긴다.

· **예산 관리를 위해 여러 가지 수단을 활용한다.** 앱을 이용하거나 예산 관리 체계를 활용하라. 재테크를 향한 여정을 혼자 떠날 필요는 없다.

7장

들어오는 돈은 늘리고, 새는 돈은 끊어라

: 가난한 예산에서 부유한 자산으로

앞에서 예산 관리하는 법을 개괄적으로 살펴봤다면 이제 세부 내역에 조금 더 집중해야 할 때다. 들어오고 나가는 돈을 전부 확인하기 전에 흔히 예산을 무너뜨리는 세 가지 범주에 대한 지출부터 살펴보자. 주거비와 교통비, 그리고 식비다.

커피값, 간식값은 아끼지 마라

커피값이나 간식값을 아껴 부자가 될 수 있다는 절약 지침은 실제로는 재정 개선에 큰 도움이 되지 않을뿐더러, 오히려 사람들을 쉽게 지치게 만든다. 누군가 타인의 경제적 문제를 '아보카도 토스트 탓'으로 돌릴 때마다 내가 25센트씩 받는다면 아마 아보카도 토스트를 사 먹고도 남을 만큼 돈을 벌었을 것이다. 물론 아보카도 토스트나 스타벅스 커피는 비싸다. 하지만 이 간식들을 먹고 마시는 게 돈 문제의 근본 원인은 아니다. 더 심각한 문제는 이것들을 끊으면 돈 문제가 해결될 것이라고 생각했는데, 막상 그런 노력이 경제적 상황을 개선하는 데 그다지 도움이 되지 않는다는 걸 알게 되었을 때 발생한다. 결국 사람들은 지출을 통제하려는 노력 자체를 포기하고 만다.

간식이나 커피처럼 일상의 즐거움을 누리는 데 드는 돈은 **변동비**다. 변동비가 많아지면 예산에 부담이 된다. 하지만 일반적으로 장기간에 걸쳐 사람들의 예산을 망가뜨리는 건 **고정비**다.

예산 관리에 관한 기존의 통념에 따르면, 주거비는 월 실수령액의 20~30%를 넘기지 않아야 하고, 자동차 할부금은 월 실수령액의 10%를 넘기지 않아야 한다.

요즘도 이러한 지출 기준을 목표로 삼지만, 최근 주거비와 차량비를 보면 이 기준을 지키기가 점점 어려워지고 있다. 사는 지역에 따라서는 이 가이드라인을 따르려는 게 너무 어려워서 지출 통제 자체를 포기하는 경우도 많다. 재테크에 대한 대부분의 문제는 주거비와 차량비가 지금보다 훨씬 부담하기 쉬웠을 때 나온 이야기라는 것이다.

다음 표는 지난 40년 동안 미국의 주택 평균 매매가와 가구 평균 소득의 비율을 보여준다. 1984년 당시 주택 평균 매매가

<도표 7-1> 주택 평균 매매가 vs. 가구 평균 소득

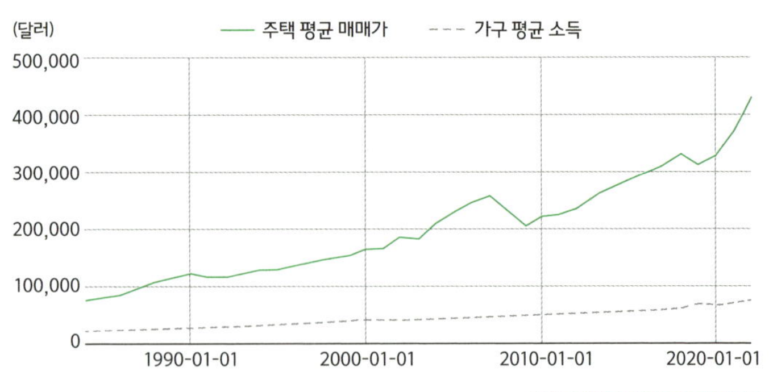

출처: 연방준비제도 경제 데이터

 난생처음 시작하는 돈 공부

는 가구 평균 소득의 약 3.5배 수준에 머물렀다. 그러나 2004년이 되자 약 4.8배로 높아졌고, 2022년에는 약 5.8배로 급격히 상승했다. 이는 2022년에 집을 사는 게 2003년에 집을 사는 것보다 21% 비싸고, 1984년에 집을 사는 것보다는 66% 비싸졌다는 의미다. 이 통계는 단순히 자산 가치가 상승했다는 지표를 넘어서 평범한 가구가 오로지 근로 소득만으로 내 집을 마련하는 일이 얼마나 어려워졌는지를 증명한다.

다시 한번 살펴보자. 2022년에 2003년과 동일한 조건으로 주택을 마련하고자 했다면, 주택 평균 가격은 33만 700달러(약 4억 6297만 원) 수준에 머물러야 했다. 이 경우 20%의 계약금을 제외한 원리금 상환액은 월 1600달러(약 222만 원)면 충분했을 것이다. 하지만 안타깝게도 2022년 실제 주택 평균 가격은 43만 3100달러였고, 매달 부담해야 할 원리금은 약 2000달러였다. 내 집 마련에 드는 비용은 그 어느 때보다 비용이 많이 들고, 이를 감안하여 예산을 맞춰야 하는 게 현실이다. 그래서 더더욱 단단한 원칙이 필요하다.

현대 사회를 위한 예산 관리 지침은 이렇다. 주거비를 월 실수령액의 40% 이하로 자동차 할부금과 보험료, 유류비를 포함한 전체 교통비를 20% 이하로 유지할 것을 권한다. 물론 이 수치를 유지하는 건 여전히 어려우나 주거비와 교통비를 철저히 관리하는 게 월 가용 금액을 늘리는 가장 쉬운 방법이다. 다음 표는 다양한 소득 수준에 따른 월 주거비와 교통비의 지출 권고 기준을 보여준다.

<표 7-1> 월 지출액 권고 기준

월 실수령액	주거비 상한선	교통비 상한선
2000달러	800달러	400달러
4000달러	1600달러	800달러
6000달러	2400달러	1200달러
8000달러	3200달러	1600달러
1만 달러	4000달러	2000달러

만일 주거비와 교통비 중 어느 한쪽에서 과도한 지출이 발생하고 있다면 반드시 다른 한쪽을 줄여 예산을 감당 가능하게 만들어야 한다. 만약 양측 모두에서 과소비하고 있다면, 재정적 파멸로 향하고 있는 셈이다.

사실 예산 문제는 대부분 주거비와 교통비를 줄이면 어느 정도 해결된다. 이 사안을 좀 더 자세히 살펴보자. 두 대의 자동차를 두고 선택의 기로에 서 있다고 가정해 보자. 첫 번째 차량을 선택하면 월 할부금으로 300달러(약 43만 원)가 나가고, 두 번째 차량을 선택하면 월 할부금으로 월 800달러가 나간다. 더 비싼 차량이 마음에 들고 매달 800달러는 감당할 수 있을 것 같다는 확신이 들 것이다. 그런데 단 한 번의 선택으로 인해 첫번째

난생처음 시작하는 돈 공부

차량를 골랐을 때보다 매달 500달러의 추가 비용이 발생한다. 1년이면 6000달러, 일반적인 차량 할부 기간인 5년이면 3만 달러가 된다.

자, 이번에는 매일 4달러짜리 스타벅스 커피를 마신다고 해 보자. 하루에 4달러면 1년에 1460달러가 되고, 5년이면 7300달러다. 즉, 사회에서 '경제적으로 끔찍한 선택'이라고 흔히 비난받는 '5년 내내 매일 스타벅스 커피를 마시는 선택'을 내려도 비싼 차량을 사는 것보다는 여전히 2만 2700달러 적게 든다.

더욱 치명적인 차이는 유연성에 있다. 스타벅스 커피를 마시는 건 원할 때 언제든 그만 마실 수 있고, 그 즉시 지출 내역에서 깨끗이 사라진다. 그러나 차량 할부금과 같은 고정비는 의지나 상황 변화와 무관하게 대금을 완납할 때까지 매달 계속 나간다.

주거비가 기록적으로 폭등한 시점에서 룸메이트를 구하거나 몇 년간 부모님 댁에 거주하는 것은 지극히 현실적인 대안이 된다. 사생활이나 부모님과의 복잡한 관계를 고려할 때 격렬한 거부감을 느끼는 이들도 물론 있을 것이다. 하지만 단 몇 년만이라도 주거비를 대폭 줄일 수 있다면 그것이 전체 순자산에 미치는 긍정적 영향은 실로 막대하다. 부모님이 시청하는 TV 쇼 프로그램, 끊임없는 잔소리 같은 불편함이 즉각적으로 떠오를 것이다. 그러나 단 몇 년간의 본가 생활이 선사할 엄청난 경제적

이득의 가능성은 쉽게 간과할 수 없다.

현재 월세로 1500달러(약 210만 원)을 지불하고 있는데, 부모님이 월세를 받지 않겠다고 하여 본가로 들어가는 상황을 가정해 보자. 본가로 거처를 옮기면 1년에 1만 8000달러를 아끼게 되고, 몇 년 모으면 주택 매매 계약금을 마련할 수 있다. 요즘 같은 경제 상황에서 이는 많은 사람에게 내 집 마련을 위한 가장 좋은 전략이 될 것이다.

또 다른 선택지는 본가에서 2년간 거주하며 절약한 돈을 전액 투자하는 것이다. 2년 치 월세만 퇴직연금 계좌에 넣어도 30년 후 그 가치는 60만 달러에 달한다. 과장이 아니다. 초기 자본 3만 6000달러를 투자하고 추가 납입 없이 방치하더라도 복리 덕분에 30년 뒤에는 60만 달러의 잔고가 생긴다.

불편을 감내하며 3년을 버틴다면, 절약한 주거비는 퇴직연금 계좌 내에서 85만 달러라는 거금으로 바뀐다. 성인이 된 후에도 가족과 동거하는 사람이 많다. 모든 물가가 폭등한 시대다. 우리 역시 변화된 환경에 적응해야만 한다.

월 주거비를 실수령액의 30~40%, 월 교통비를 20% 수준으로 유지하는 것은 분명 고단한 과제다. 현대 사회에서 이러한 권고 비중이 현실과 괴리된 수치로 보일 수 있으나 이를 완전히 무시하면 경제적 목표에 결코 도달할 수 없다. 이 기준을 지키려고 노력만 해도 순자산을 쌓는 게 훨씬 수월해진다. 만약 주

    난생처음 시작하는 돈 공부

거비와 교통비에서 과도한 지출이 발생한다면 그보다 규모가 작은 다른 항목들을 아무리 아낀들 재정적 타격을 만회하는 것은 사실상 불가능하다.

더 저렴한 주거지나 차량을 선택함으로써 누릴 수 없는 가치에만 매몰되지 마라. 오히려 그러한 선택을 통해 얻게 될 실질적인 이득에 집중하라.

안타깝지만 고정비에 변화를 주는 건 쉽지 않다. 주거비와 교통비에 지나치게 많은 비용을 할애해왔다는 자각과 더불어, 당장 그 굴레에서 벗어나기 어렵다는 사실에 의기소침해졌을 수도 있다. 만약 아파트 임대차 계약 기간이 9개월 남았거나 자동차 할부 기간이 4년이나 남았다면, 이러한 현실을 받아들이고 그에 따라 상황을 조정하면 된다. 이어지는 장에서는 유지가 부담스러운 자동차를 파는 방법을 전한다. 그러니 자책할 필요 없다.

부를 쌓는 과정은 지루할 만큼 더디고 오랜 시간이 걸린다. 주거비나 교통비를 줄인다고 해서 하룻밤 새 부자가 되지는 않는다. 하지만 고정비의 과소비를 만회하려면 다른 지출 항목에서 특히 절약해야 한다. 이후 임대차 계약이 만료되거나 자동차 할부금을 완납하는 시점이 오면 주거비와 교통비에서 과거와 같은 값비싼 실수를 반복하지 않는 것이 핵심이다.

경제적 자유라는 '약속의 땅'에 도달하는 가장 확실한 길은 자신의 경제적 형편에 맞는 차를 타는 것이다.

어떻게 하면 부자가 될 수 있는지 단 하나의 조언을 달라는 이들을 자주 만난다. 나의 대답은 명료하지만, 질문자가 기대한 만큼 만족스럽지는 않을 것이다. 그 답은 바로 감당하기 어려운 비싼 차를 사지 말라는 것이기 때문이다.

자산 중에서 자동차만큼 가치가 급격히 하락하는 것도 드물다. 시간이 흐를수록 가치가 상승하는 주택과 다르게 자동차에 투입한 자금은 회수되지 않을 가능성이 매우 크다. 자동차가 개인의 재정 건강에 얼마나 부담이 되는지 하루종일 얘기할 수 있지만, 그에 앞서 사람들이 왜 이토록 경제적으로 치명적인 선택을 갈망하는지 그 이유부터 살펴볼 필요가 있다.

사람들은 좋은 차를 타면 멋져 보인다고 생각한다

여느 고등학생들이 그러하듯이 우리 학교 학생들 또한 타인의 시선을 상당히 의식한다. 남들에게 멋지게 보이고 싶다는 마음에 몸에 맞지도 않는 불편한 옷을 고집하고, 선망하는 가수의 말투와 어휘를 어색하게 흉내 내고 때로는 우스꽝스러운 파마조차 서슴지 않는다. 하지만 충분히 이해할 수 있는 일이기도

하다. 청소년기는 자아 정체성을 확립해나가는 시기이며 이 시기의 아이들은 또래 집단으로부터 인정받을 수 있는 정체성을 본능적으로 선택하고자 하기 때문이다.

그런데 안타깝게도 이러한 현상은 성인이 되어서도 이어진다. 그래서 값비싼 차를 통해 자신의 사회적 지위를 과시하고, 타인으로부터 높은 평가를 받기를 갈망하는 것이다. 비극적이지만 그렇게 될 일은 없다. 모건 하우절은 그의 저서 《돈의 심리학》에서 이러한 현상을 '페라리의 역설Man In The Car Paradox'이라고 명명했다.

모건 하우절은 젊은 시절 로스앤젤레스에서 대리 주차 요원으로 근무하며 평소 자신이 소유하기를 꿈꿨던 수많은 명차를 직접 운전해 볼 기회가 있었다. 당시 그는 멋진 자동차를 모는 것이 자신이 부유하고 중요한 인물이라는 걸 세상에 알리는 수단이라고 믿었다. 그러나 정작 현장에서 마주한 사실은 흥미로웠다. 그토록 선망하던 자동차를 타고 나타난 차주에게는 정작 아무런 관심도 생기지 않았던 것이다.

"아이러니하게도 나는 운전하는 사람은 아예 쳐다보지 않았다. 좋은 차를 타는 누군가를 보고 '와, 저 차 운전하는 사람 멋있어'라고 생각하는 경우는 거의 없었다. 대신 이렇게 생각한다. '와, 내가 저 차를 타면 사람들이 나를 멋있게 보지 않을까?' 무의식적이든 아니든 사람들이 생각하는 게 그렇다."

모건 하우절은 인간의 사고방식에 내재한 역설적인 결함을 지적한다. 비싼 차를 사는 사람들은 대부분 타인의 선망 가득한 시선을 기대한다. 하지만 정작 타인은 그 차를 모는 운전자를 경외의 대상으로 바라보지 않는다. 타인의 선망을 얻기 위해 자동차에 막대한 자금을 낭비해서는 안 된다. 냉정하게 말해, 사람들은 내가 원하는 방식으로 나를 바라봐주지 않기 때문이다.

사람들은 자동차에 필요한 진짜 비용을 모른다

경제학에서는 어떠한 선택에 따르는 비용을 회계 비용Accounting Costs과 경제 비용Economic Costs으로 구분하여 고려한다. 회계 비용은 통상적으로 우리가 인지하는 상품의 가격 그 자체를 말한다. 예를 들어 신발 한 켤레가 100달러라면 그 신발을 구매하는 데 드는 회계 비용은 100달러다.

한편, 경제 비용에는 기회비용Opportunity Cost이 포함되어 있다. 이는 신발을 사는 데 지출한 100달러로 할 수 있었을 다른 선택지까지 고려하는 것이다. 따라서 100달러짜리 신발의 경제 비용에는 신발 가격뿐만 아니라 그 돈으로 할 수 있었던 일, 예를 들어 대출을 상환하거나 식료품을 사는 등의 일까지 모두 포함된다.

대다수 소비자는 자동차를 구매할 때 그에 따르는 회계 비용과 경제 비용을 제대로 파악하지 못한다. 이유는 다음과 같다.

　난생처음 시작하는 돈 공부

첫째, 자동차를 구매할 때 발생하는 회계 비용을 종종 오해한다. 금리를 제대로 이해하지 못하기 때문이다. 차량 가격과 이자율에 따라 최종적으로 지불해야 하는 총금액이 어떻게 달라지는지 다음 표에서 확인해 보자.

<표 7-2> 회계 비용과 경제 비용

원금	연이율	월 할부금	지급한 이자	총 지불금액
1만 5000달러	9%	311달러	3682달러	1만 8682달러
2만 5000달러	9%	519달러	6137달러	3만 1137달러
3만 5000달러	9%	727달러	8592달러	4만 3592달러
4만 5000달러	9%	934달러	1만 1047달러	5만 6047달러

*월 할부금은 할부 만기를 5년(60개월)으로 가정함

가장 명백한 사실부터 짚어보자. 빌린 돈보다 갚아야 할 돈이 더 많다는 점이다. 많은 이가 이 사실을 간과한 채 2만 5000달러(약 3500만 원) 정도의 대출은 그리 많은 돈은 아니라고 생각한다. 이자를 고려하면 3만 1000달러 넘게 갚아야 한다는 걸 깨닫지 못한 채 말이다.

다음으로 간과하기 쉬운 사실은 대출 규모가 커질수록 지불해야 할 이자 또한 늘어난다는 점이다. 4만 5000달러를 내야 하는 차는 2만 5000달러짜리 차보다 표면적으로는 2만 달러만큼 더 비쌀 뿐이다. 하지만 이자를 고려하면 2만 5000달러나 더 내야 한다.

대부분의 소비자는 예상 월 할부금을 받으면 그 금액에 총 할부 개월 수를 곱해 보지 않는다. 상환 기간이 60개월을 넘어 84개월에 달하는 장기 할부일 때도 마찬가지다. 결국 이들은 자신이 실제로 정가보다 얼마나 더 많은 비용을 치르고 있는지 인지하지 못한다.

경제 비용의 관점으로 넘어가면, 소비자가 이를 인지하고 고려하는 경우는 더 드물다. 그러나 경제비용은 앞서 언급한 회계 비용보다 훨씬 손실이 크다. 예를 들어 2만 5000달러와 3만 5000달러 사이에서 고민한다면 양쪽 금액의 월 상환액 차이는 200달러 이상이다. 이 돈으로 퇴직연금 계좌에 추가 납입하거나 다른 대출을 상환하거나 월 예산에 여윳돈으로 넣거나 휴가비를 마련하는 등 다른 곳에 쓸 수 있다.

따라서 저렴한 차량과 비싼 차량 사이에서 고민하고 있다면 비싼 차를 살 때 비용이 정확히 얼마나 더 드는지 비싼 차를 사지 않는다면 차액을 어디에 쓸 수 있을지 고려해야 한다.

소비의 함정

우리는 종종 '사회적 소속감'과 '성공의 증명'이라는 이름 아래, 자신의 소득 수준을 아득히 상회하는 고가의 차량을 구매한다. 이것은 실질적인 필요가 아닌, 타인의 시선에 저당잡힌 부채의 상징일 뿐이다. 이러한 과시적 소비는 예산을 파괴하고 재

난생처음 시작하는 돈 공부

정적 자립을 가로막는 지름길이다. 고급 차량이 사업에 도움이 된다는 주장은 자동차 대리점만 이득을 보게 만들 뿐이다. 개인의 자산 형성에는 도움이 되지 않는다.

백만장자가 가장 많이 타는 자동차 브랜드 세 개는 순위대로 토요타, 혼다, 그리고 포드다.[15] 사람들은 이 사실을 접하면 부자들이 그렇게 '돈이 많은데도' 저렴하고 평범한 차를 탄다는 사실에 놀란다. 하지만 관점을 바꿔야 한다. 그들이 부유함에도 그런 차를 타는 것이 아니라, 그런 차를 탔기에 부자가 될 수 있었다는 사실 말이다.

손실 손절의 기술

2012년 필리핀 여행 당시, 나는 전날의 과음으로 인한 지독한 숙취에도 불구하고 이미 지불한 20달러가 아까워 억지로 스노클링 보트에 올랐다. 결과는 참담했다. 친구가 열대어와 유영하며 다이빙을 즐기는 동안 나는 극심한 뱃멀미와 사투하며 바다에 구토를 쏟아내느라 인생 최악의 고통을 맛봐야 했다. 본전을 찾으려다 비참한 하루를 자초한 셈이다.

보트에 타면 숙취가 100배쯤 나빠질 거라는 걸 알고 있었지만, 그래도 보트에 탔던 이유는 이미 낸 20달러를 '낭비'하고 싶지 않았기 때문이다. 이는 매몰 비용의 오류Sunk Cost Fallacy를 보여주는 완벽한 사례다. 매몰 비용의 오류는 이미 투입한 자원이 아까워, 중단하는 것이 객관적으로 이득인 상황임에도 불구하고 미련을 버리지 못하는 심리적 함정을 의미한다. 나는 그날 어찌 됐든 20달러를 버렸다. 보트에 타지 않았더라면 그냥 20달러만 버리고 평화로운 해변에서 시원한 음료와 맛있는 음식을 먹으며 숙취를 달랠 수 있었을 것이다.

감당할 수 없는 자동차를 구매한 이들 역시 이와 유사한 상황에 처한다. 경제적으로는 차량을 즉시 처분하는 것이 최선의 선택임에도 불구하고, 이를 실행에 옮기기란 결코 쉽지 않다. 차를 판다는 것은 자신의 구매 결정이 실패했음을 인정하고, 그간 발생한 자산의 손실을 즉시 확정해야 하기 때문이다.

이러한 매몰 비용의 함정을 다음 표에서 좀 더 자세히 살펴보자. 가령 4만 달러(약 5600만 원)짜리 차량을 구매했다고 해보자. 계약금 5000달러를 내고, 연이율 9%의 조건으로 60개월 동안 할부를 이용한다고 가정할 경우 매달 상환해야 하는 할부금은 727달러다.

<표 7-3> 고급 자동차 구매에 따른 비용 분석

가격	계약금	할부 원금	월 할부금
4만 달러	5000달러	3만 5000달러	727달러

*연이율 9% 할부 60개월 기준

1년 동안 할부금을 납입한 후에야 비로소 차량 유지비가 예산에 무리를 준다는 사실을 깨닫고 차를 되파는 방안을 고려한다. 하지만 안타깝게도 자동차는 구매 직후 첫해에만 가치가 20% 급락한다. 그래서 불과 1년 전에 4만 달러를 내고 산 차의 가치는 어느새 3만 2000달러밖에 되지 않는다. 게다가 지난 1년간 총 8724달러를 할부금으로 냈지만, 그중 3150달러는 이자였다. 결국 할부 원금은 여전히 약 2만 9000달러 정도 남아 있다. 차를 팔면 3만 2000달러를 받겠지만, 이 금액을 받으면 차량 가치 하락분 8000달러와 계약금으로 낸 5000달러가 즉시 사라진다. 이러한 손실을 기꺼이 받아들이는 건 어렵다. 하지만 냉정하게 생각해 보면 할부금을 끝까지 내는 것보다는 훨씬 적은 비용이 든다.

3만 2000달러에 차를 팔았다고 해 보자. 우선 남은 할부 원금 2만 9000달러를 전액 상환하고, 나머지 3000달러로 훨씬 저렴한 2만 3000달러짜리 중고차의 계약금으로 쓴다면, 다음의 표에서 확인할 수 있듯이 월 할부금은 415달러 수준으로 대폭 낮아진다.

<표 7-4> 자동차 할부금 비교

	가격	계약금	할부 원금	월 할부금	총이자	총지불액
자동차 1	4만 달러	5000달러	3만 5000달러	727달러	8592달러	4만 8592달러
자동차 2	2만 3000달러	3000달러	2만 달러	415달러	4910달러	2만 8910달러

*연이율 9% 할부 60개월 기준

자동차 가치 하락으로 손해 본 8000달러를 저렴한 자동차의 총비용에 합산하더라도, 원래 타던 비싼 차를 계속 유지하는 것보다 결과적으로 1만 2000달러 정도 더 아끼는 셈이 된다. 물론 어려운 부분은 있다. 8000달러의 손실은 매각하는 순간 즉각적으로 체감되지만, 1만 2000달러의 이득은 천천히 시간을 두고 이루어진다. 이러한 손실을 받아들이려면 속이 뒤집히겠지만 매달 예산에 312달러의 여윳돈이 생기니 2년 조금 넘는 시간 안에 손실을 만회할 수 있다.

현재 자동차에 과도한 비용을 지출하고 있다면 대출 계산기를 활용하라. 자동차를 매각하고 저렴한 자동차로 교체하는 편이 장기적으로 얼마나 큰 자산을 지켜줄지 객관적으로 따져 보는 데 도움이 될 것이다. 만약 자동차 할부가 끝나가고 있다면 남은 대출을 전액 상환하는 데 집중하라. 할부금이라는 고정 지출이 사라진 상태를 최대한 오래 유지하며 자산을 모으는 즐거움을 누려라. 무엇보다 다음에 자동차를 구매할 때는 예산 안에서 부담 없는 선택을 내리는 원칙을 지켜야 한다.

빈곤으로 가는 지름길

주거비와 교통비 다음으로 예산을 망치는 지출 항목은 바로 식

    난생처음 시작하는 돈 공부

비다. 음식은 매일 반복적으로 소비하기에, 식사 마련을 위한 지출은 가계 예산에서 대단히 중요한 비중을 차지할 수밖에 없다.

통계마다 차이는 있으나 일반적으로 집밥은 한 끼 평균 4~5달러인 반면에 외식비는 16~21달러 정도 든다. 즉, 외식을 할 때마다 집에서 먹는 것보다 한 끼에 약 15달러의 비용을 추가로 내는 셈이다. 이를 일주일 4회로 가정하면 60달러, 한 달이면 250달러의 지출이 더 발생한다.

식재료 관리에 서툴다면 집밥이 외식보다 저렴하다는 사실에 선뜻 동의하기 어려울 수 있다. 과거의 나 또한 단 한 끼의 햄버거를 만들기 위해 30달러어치의 재료를 산 뒤, 남은 빵과 소고기를 고스란히 버리곤 했다. 이처럼 여러 끼니를 고려하지 않고 오직 한 끼만을 위해 장을 보는 비효율적인 방식은 외식보다 더 큰 비용을 발생시킨다.

이러한 문제를 해결할 가장 좋은 방법은 밀프렙이다. 밀프렙은 시간과 비용을 동시에 절약해주는 좋은 전략이다. 웹사이트나 SNS를 통해 다양한 요리에 활용 가능한 소스나 단백질 식재료를 미리 손질해두는 법을 쉽게 배울 수 있다. 가령 페스토 소스를 준비했다면 월요일에는 파스타, 화요일에는 치킨 샌드위치, 수요일에는 치킨 샐러드로 변주하며 식재료를 남김없이 활용할 수 있다.

밀프렙은 배달 음식을 주문하는 것보다 분명 더 많은 정성과 시간이 필요하지만, 배달비나 인건비, 팁과 같은 불필요한 지출을 완벽히 차단해준다.

효과적인 예산 관리를 시작했다면, 부채를 청산하는 일이 예산 운영을 얼마나 수월하게 만드는지 이미 체감했을 것이다. 이어지는 장에서는 대출을 완전히 상환하고 재정적 자유를 얻는 구체적인 방법을 다룰 예정이다.

결론만 모아보기

· **예산을 갉아 먹는 3대 고정 지출을 경계하라.** 주거비, 교통비, 식비의 예산을 지키는 것은 대단히 중요하다. 흔히 스타벅스 커피를 자주 마시는 사소한 일상 지출이 문제라고들 하지만, 실제로는 매달 반복되는 이 세 가지 거대 지출이 예산을 파괴할 가능성이 훨씬 크다.

· **값비싼 차량은 구매하지 마라.** 자동차는 구매와 동시에 가치가 하락하는 자산이다. 고가의 차량을 소유한다고 해서 타인에게 더 멋있는 사람으로 보이는 것도 아니다. 오히려 비싼 자동차 한 대가 재정 상태를 망가뜨릴 수 있다는 점을 기억하라.

· **자동차 매각이 좋은 선택이 될 수도 있다.** 현재 자동차에 과소비하고 있다는 걸 깨달았다면 차량을 매각하고 유지비를 감당할 수 있는 합리

    난생처음 시작하는 돈 공부

적인 모델로 교체하는 것을 고려하라. 이는 재정 상태를 정상화하는 가장 빠르고 확실한 방법이다.

· **음식 배달 서비스의 함정에 빠지지 마라.** 휴대전화 버튼만 누르면 음식이 배달되는 간편함 뒤에는 막대한 기회비용이 숨어 있다. 배달 서비스를 이용하는 횟수가 늘어날수록, 경제적 목표와의 거리는 그만큼 멀어지게 된다.

8장

빛의 굴레를 끊는 법

: 부채 탈출의 첫걸음은 삽질을 멈추는 것이다

전 세계적으로 중산층이 줄어들고 있다. 이러한 현상을 일으키는 핵심 요인은 바로 이자율이다. 빚의 수렁에 깊이 빠져들수록 빠져나오는 건 점점 더 어려워진다. 반면 자산가일수록 부를 축적하는 일은 더 수월하다. 가령 부유한 자산가가 고금리 예금 계좌에 100만 달러를 예치해둔다면 아무것도 하지 않아도 1년 동안 매달 약 3400달러의 불로소득을 거둘 수 있다.

게다가 이자율의 체계는 언제나 소비자에게 불리한 방향으로 책정된다. 자산을 투자할 때는 5%의 수익률만 확정되어도 만족감이 크다. 반대로 돈을 빌릴 때는 30% 이상의 고금리를 감당해야 하는 것이 냉혹한 현실이다. 이러한 불균형한 여건은 부채 탈출을 극도로 어렵게 만들며, 많은 이가 '빚이 있는 한 경제적 성공은 불가능하다'라는 패배주의적 인식에 사로잡혀 정신적 고통을 겪기도 한다.

이번 장에서는 부채에 관한 이해를 높이고, 경제적 자립이 생각보다 가까이에 있음을 증명하고자 한다. 또한 빚을 가장 효과적으로 뿌리 뽑을 수 있는 실전 전략을 구체적으로 제시할 것이다.

열심히 갚는데 왜 빚은 그대로일까

생각보다 많은 사람이 이자율에 관해 제대로 이해하지 못한다.

무언가 구매하려고 돈을 빌릴 때 이자율을 신경 쓰지 않거나 이자율이 정확히 얼마의 비용을 발생시키는지 알지 못한다.

대출을 받으면 원금보다 더 많은 돈을 갚아야 한다는 사실은 누구나 상식적으로 알고 있다. 하지만 그 이자가 자신의 재정에 실질적으로 어느 정도의 부담을 더하는지 확신을 가지고 판단하는 이는 드물다.

솔직하게 대답해 보자. 자동차 구매를 위해 2만 달러를 대출받는 상황에서, 연이율 10%가 8%보다 비싸다는 단순한 사실 외에 이자에 대해 무엇을 더 알고 있는가? 매달 할부금을 납입할 때 그중 이자가 차지하는 비중을 계산하는 방법이라도 제대로 파악하고 있는가?

이 질문에 답하지 못한다고 해서 부끄러워하거나 당황할 필요는 없다. 다만 이 계산법을 제대로 배울 기회가 없었을 뿐이다. 이자와 연이율이 구체적으로 어떻게 작동하는지 이해하기 위해 다음 예시를 살펴보자.

차량 구매를 위해 2만 4000달러를 연이율 10%로 빌렸다고 가정해 보자. 첫 달 할부금에 포함된 이자를 계산하기 위해서 우선 2만 4000달러에 10%를 곱한다. 여기에서 나온 2400달러는 1년 동안 부과되는 '연간' 이자다. 따라서 첫 달의 이자를 확인하려면 이 금액을 12개월로 나누어야 하며, 그 값은 200달러가 된다.

즉, 첫 달 할부금을 납입할 때 200달러는 빌린 돈의 대가로 허무하게 사라지는 돈일 뿐, 할부 원금을 갚는 데는 전혀 기여하지 못한다. 만약 첫 달 할부금이 250달러라면, 200달러는 이자로 증발하고 실제 원금을 줄이는 데 쓰이는 금액은 고작 50달러에 불과하다. 할부금으로 300달러를 낸다고 하더라도 이자로 200달러가 빠져나가고 나면 원금은 고작 100달러 줄어들 뿐이다.

결론적으로 우리가 내는 할부금 중 상당 부분은 이자라는 이름으로 낭비되고 있다. 250달러라는 거금을 내면서도 정작 부채를 줄이는 실질적인 가치는 50달러뿐이라는 사실은 이자가 얼마나 무서운 존재인지를 단적으로 보여준다.

빚더미에 깊이 빠져들수록 빚을 없애기가 쉽지 않다. 이러한 현상이 어떻게 발생하는지 신용카드를 통해 살펴보자.

연이율 20%인 신용카드 대출이 8000달러가 있다고 가정해보자. 이를 3년 안에 모두 갚고 싶다면 매달 300달러를 상환해야 한다. 그러나 안타까운 사실은 많은 이가 대출을 갚는 와중에도 습관적으로 신용카드를 사용하며, 그 사용액이 월 상환액을 초과하는 경우가 빈번하다는 점이다. 결국 빚은 줄어들기는커녕 오히려 늘어나게 되고, 3년이라는 기한 내에 빚을 청산하기 위해 매달 쏟아부어야 할 금액은 눈덩이처럼 불어난다.

다음 표에서는 신용카드 잔액에 따라 3년 이내에 전액 상환하기 위해 필요한 월별 결제액이 어떻게 달라지는지 그 상관관계를 보여준다.

<표8-1> 신용카드 대금 결제

잔액	연이율	월 이자	월 결제 필요액
8000달러	20%	133달러	297달러
1만 2000달러	20%	200달러	446달러
1만 6000달러	20%	266달러	595달러
2만 달러	20%	333달러	743달러

이자를 내는 건 돈을 쓰레기통에 버리는 것과 같다는 점을 기억하자. 이자는 대출 원금을 상환하는 데 전혀 기여하지 못하며, 본질적으로는 돈을 빌린 대가로 지불하는 수수료에 불과하다. 카드 빚이 8000달러라면 매달 상환하는 금액 중 133달러는 이자로 버리는 금액이다. 그래도 월 300달러를 꾸준히 상환한다면 3년 안에 빚을 청산할 희망이 있다.

하지만 카드 대금 잔액이 2만 달러로 불어나면 상황은 달라진다. 과거 카드 대금 잔액이 8000달러일 때 갚아나가던 월 300달러는 원금은커녕 이자만 겨우 감당하는 수준으로 전락할 수밖에 없다. 이는 원금이 전혀 줄어들지 않는 정체 상태에 빠졌음을 의미하며, 재정적으로 매우 위험한 신호다. 빚더미가 쌓일수록 매달 상환해야 하는 금액은 더 많아진다. 가난해질수록 카드 대금은 더 많이 갚아야 한다. 이러한 반복에서 빠져나와 부를 쌓고 싶다면 고금리 부채부터 우선 상환해야 한다. 이것이 바로 빚더미에서 빠져나와 순자산을 0으로 되돌리는 게 정말 어렵고 힘든 일인 이유다.

현재 미국인의 약 3분의 1은 순자산이 적자인 상태이며, 이들은 이자에 맞서 싸우는 중이다.[16] 대출을 갚기 위해 매달 1000달러를 쏟아붓는데 대출 원금은 겨우 400달러밖에 줄어들지 않는다.

이 시나리오에는 좋은 소식과 나쁜 소식이 공존한다. 우선 나쁜 소식은 빚더미에서 완전히 빠져나올 때까지 많은 돈이 이자로 낭비되어 사라진다는 것이다. 반면 좋은 소식은 부채의 악순환 속에서 느끼는 좌절감이 경제적 성공을 더 멀다고 느끼게 만드는 건 그저 착각일 뿐이라는 점이다.

이자를 상대로 무의미해 보이는 싸움을 오랫동안 계속해온 이들이 미처 깨닫지 못하고 있는 사실이 있다. 지금은 이자가 당신의 발목을 잡는 저항 세력이지만, 순자산을 0으로 회복하고 빚 상환에 쓰던 돈을 투자로 전환하는 순간, 이자는 등을 밀어주는 강력한 순풍으로 변모한다. 다음의 설명을 통해 그 원리를 자세히 살펴보자.

A. 연이율 25%의 카드 빚 1만 7000달러를 매달 500달러씩 상환

한다고 가정해 보자. 빚을 청산하는 데 5년이 걸리고, 그동안 지불하는 총비용은 원금의 두 배에 가까운 3만 달러에 육박한다.

B. 가진 돈도, 빚도 없는 상태에서 매달 500달러씩 주식에 투자해 연평균 10%의 수익을 얻으면 5년 뒤 잔액은 약 4만 달러에 다다른다.

C. 이미 주식에 투자해둔 금액이 10만 달러고, 매달 500달러씩 투자해 평균 수익률 10%를 유지한다면 5년 뒤 자산은 약 20만 달러로 불어난다.

세 가지 경우 모두 투입한 원금은 3만 달러로 동일하다. 매달 500달러씩, 1년이면 6000달러를 5년 동안 꾸준히 부은 결과다. 하지만 이 동일한 원금이 각자의 순자산에 미친 영향은 크게 달랐다.

A의 경우에는 3만 달러를 사용했지만 늘어난 순자산은 0원이다. 갚아야 할 원금보다 이자로 새어나간 돈이 너무 많았기 때문이다.

B의 경우부터 이자를 얻게 될 때의 힘을 보여주기 시작한다. 주식에 투자한 원금은 똑같은 3만 달러지만, 연 10%의 복리 수익이 더해지면서 자산은 4만 달러 이상으로 불어났다.

마지막으로 C의 경우는 투자에 어느 정도 추진력이 생기면 복리의 힘이 얼마나 커지는지 잘 보여준다. 5년 동안 주식에 추가로 투입한 원금은 3만 달러였지만 기존에 쌓인 자산과 복리 효과가 맞물리면서 잔액은 10만 달러에서 20만 달러로 거의 두 배 가까이 불어났다. 정리하자면 이렇다.

- A. 3만 달러 사용, 순자산 1만 7000달러 증가
- B. 3만 달러 사용, 순자산 4만 달러 증가
- C. 3만 달러 사용, 순자산 10만 달러 증가

이는 경제적 목표를 향한 여정에서 이자를 내 편으로 삼는 일이 얼마나 중요한지 잘 보여준다. 빚이 있는 상태로 이자에 맞서 싸운다면 끝없는 지옥이 펼쳐진다. 하지만 이자가 내 편이 되는 순간 놀라운 속도로 순자산이 불어난다. 시나리오 C는 또 한 왜 사람들이 첫 10만 달러(약 1억 4000만 원)를 모으는 게 가장 힘들다고 말하는 이유를 알려준다. 10만 달러를 모으기까지는 수년이 걸린다. 그러나 일단 10만 달러를 손에 쥐고 나면 복리 덕분에 훨씬 짧은 시간 안에 20만 달러로 늘릴 수 있다. 그러므로 순자산을 20만 달러에서 30만 달러로 늘리는 단계에 간다면, 그 증가분을 오롯이 노동 소득으로 채울 필요도 없다. 상당 부분은 복리가 알아서 해낼 것이기 때문이다.

순자산이 적자라는 사실 때문에 스스로를 너무 자책할 필요 없다. 지금 '이자'라는 거센 역류를 거슬러 올라가는 힘겨운 싸

움을 벌이고 있을 뿐이다. 매달 쏟아붓는 상환액의 상당 부분이 이자로 증발하는 탓에 부를 쌓는 일이 실제보다 훨씬 더 어렵게 느껴지는 인지적 왜곡을 겪고 있는 것이다.

생각하는 만큼 부를 쌓는 길에서 멀리 떨어져 있지 않다는 것을 기억하라. 하지만 모든 건 순자산을 0으로 되돌리고 난 뒤에 시작된다.

빚을 먼저 갚기 vs. 투자를 먼저 하기

재테크 관련 포럼이나 SNS를 자주 본다면 부채를 상환해야 할지(방어 전략) 아니면 투자를 통해 자산을 늘려야 할지(공격 전략)를 주제로 한 논쟁에 익숙할 것이다. 예를 들어 매달 예산에서 300달러(약 42만 원)가 남는다고 하자. 그런데 이 돈으로 대출금을 추가로 갚아야 할지 아니면 주식에 투자해야 할지 정하기 어렵다. 명확히 하기 위해 가지고 있는 다른 대출은 이미 갚고 있으며, 300달러는 추가로 상환하는 금액임을 가정한다.

이 질문의 답은 이자율에 달려 있다. 상환해야 할 대출의 연이율과 투자를 통해 얻게 될 투자 수익률 혹은 **연간 유효 이자율**을 비교해야 한다. 원칙은 간단하다. 만약 대출 이자율이 기대 투자 수익률보다 높다면, 주저 없이 대출부터 상환해야 한

　　　　　　　　　　　　난생처음 시작하는 돈 공부

다. 자산이 불어나는 속도보다 부채가 증식하는 속도가 더 빠르기 때문이다. 반대로 기대 투자 수익률이 대출 이자율을 웃돈다면 자산의 증가 속도가 부채를 앞지르게 되므로 투자를 선택하는 것이 산술적으로는 더 유리하다.

예를 들어 연이율 10%의 대출 1000달러가 있다고 가정해 보자. 이 대출을 상환하지 않고 그대로 둔다면, 1년 뒤 부채는 10%가 붙어 100달러만큼 늘어난다. 반면에 같은 돈 1000달러를 어딘가에 투자해 8% 수익률을 올렸다면 자산은 80달러만큼 늘어날 것이다. 이러한 상황에서는 부채가 늘어나는 속도가 자산이 늘어나는 속도보다 빠르기 때문에, 투자가 아닌 부채 상환에 집중해야 한다.

실제로 이런 고민을 하는 사람들에게 대부분 투자보다는 대출 상환을 먼저 권하는 편이다. 여기에는 두 가지 중요한 이유가 있다. 첫째, 투자는 수익률이 보장되지 않는 불확실성을 동반하지만, 대출 상환은 이자율만큼의 수익을 확정 짓는 것과 다름없다. 둘째, 부채가 체감하는 심리적 해방감과 안정감은 단순한 재정적 수치를 압도하는 거대한 가치를 지닌다.

우선 부채 상환과 투자 사이 중 우선순위부터 정해 보자. 이율 10% 혹은 그 이상의 고금리 대출을 받았다면 고민할 여지 없이 대출 상환에 전념해야 한다. 고금리 부채는 재정 상태를 위협하는 가장 치명적인 결함이다. 막대한 이자를 내야 하고 자

첫 방치했다가는 통제 불능의 지경에 이를 수 있기 때문이다. 신용카드 빚은 특히 위험한데, 내가 이 글을 쓰고 있는 현 시점을 기준으로 신용카드 대금의 평균 연이율은 거의 25%에 달하고, 상황에 따라 최대 35%까지 높아질 수 있다.[17] 이렇게 높은 이자율은 대금을 상환하는 속도보다 더 빠르게 빚을 늘리는 심각한 위협이 된다. 이러한 성격의 대출이 있다면 대출 상환을 최우선 과제로 삼아야 한다.

반대로 연이율이 1~3%에 불과한 대출이라면 투자에 집중하는 편이 낫다. 연이율보다 높은 투자 수익률을 얻을 가능성이 크기 때문이다. S&P500의 평균 수익률은 이 정도 연이율을 크게 상회하며, 심지어 현재 이율을 보장하는 투자 상품도 있다. 고금리 예금이나 양도성 예금증서CDs, Certificate of Deposit는 금리 3% 이상을 제공한다(금리는 변한다는 점에 유의해야 한다. 이 책을 읽는 시점이 언제인지에 따라 고금리 예금이나 CDs 상품이 이 사례에서 기준으로 삼은 금리 3%보다 더 높은 혹은 더 낮은 투자 수익률을 보장할 수 있다).

연이율 4~10% 구간의 대출은 재테크를 잘 아는 사람들 사이에서도 의견이 엇갈리는 영역이다. 내 생각은 이렇다. 이 구간에 해당하는 대출이 있다면, 투자를 통한 자산 증식보다 대출 상환을 먼저 해결할 것을 권한다.

첫째, 앞서 언급한 바와 같이 투자의 결과는 보장되지 않는

　　　　　난생처음 시작하는 돈 공부

다. 시장의 역사적 평균 수익률이 10%라 해도, 부진한 해에는 그에 한참 못 미치거나 오히려 원금 손실을 볼 수도 있다. 더욱이 투자는 본질적으로 장기 전략이어야 한다. 단기 대출을 갚을 수 있으리라는 막연한 기대 속에 가진 돈을 투자에 쏟아붓는 것은 스스로 재앙을 불러들이는 일이다.

이에 더해 부채를 안고 투자를 선택하면 심리적 부담도 뒤따른다. 단기 투자에서 원하는 투자 수익률을 얻지 못하면 투자 자체에 냉소적인 태도를 가지기 쉽다. 반면 연이율 7%짜리 대출을 조기 상환하기로 했다면, 이는 7% 수익률이 확정된 투자를 하는 것과 다름없다. 추가 상환을 통해 순자산을 갉아먹는 대출 잔액이 불어나는 것을 막을 수 있기 때문이다.

마지막으로 대출 상환을 먼저 하면 마음이 한결 편해지고, 전반적인 재무 관리도 단순해진다. 집안일과 처리해야 할 일들이 산더미처럼 쌓인 상태에서 TV를 보거나 친구를 만난 경험이 있을 것이다. 그 자리를 즐기려 해도 마음 한쪽이 늘 무겁다. 끝내지 못한 일들이 머릿속을 떠나지 않기 때문이다. 중금리 대출을 떠안은 채 투자를 이어가는 것도 이와 비슷한 불편함을 안겨준다.

대출을 먼저 상환하면 다음과 같은 효과를 얻을 수 있다.

1. 투자할 때, 자금을 제대로 활용하고 있다는 확신을 가지고 자신

있게 투자를 진행할 수 있다.

2. 대출 상환은 금전 관리의 여정에서 커다란 이정표를 세우는 일이 므로, 스트레스가 줄어들고 돈과 건강한 관계를 맺는 계기가 될 수 있다.

대출부터 먼저 갚았을 때 나타나는 실질적인 효과는 예산 관리가 한결 쉬워진다는 점이다. 첫째, 자산과 부채 사이의 균형을 맞출 때 고려해야 할 점이 줄어든다. 빚을 전부 갚았으므로 투자를 통한 자산 증식에 온전히 집중할 수 있고, 이는 빚을 갚는 일보다 훨씬 즐거운 과정이다. 현재 내게는 빚이 없다. 덕분에 삶이 훨씬 단순하다. 예산에 여유가 생겼을 때 어디에 써야 할지 고민할 필요가 없기 때문이다. 남는 돈은 곧바로 자산에 보탠다.

둘째, 대출이 사라지면 실제로 쓸 수 있는 돈이 더 늘어난다. 예를 들어 10년 동안 매달 500달러씩 학자금 대출을 상환해왔으면, 상환이 끝난 후에는 매달 500달러가 고스란히 남는다. 이야말로 진정한 이득이다. 옴짝달싹 못하게 하던 부채에서 벗어나는 동시에 매달 쓸 수 있는 돈까지 늘어나니 말이다. 마치 회사가 세금까지 부담해주면서 급여도 올려주겠다는 것과 다를 바 없다. 마다할 이유가 없다.

　　　　　　　　　　　　　　난생처음 시작하는 돈 공부

효과적인 대출 상환 전략을 살펴보기에 앞서 상환을 미뤘을 때 어떤 일이 벌어지는지 먼저 짚어 볼 필요가 있다.

20대 초반에는 숙취로 수분이 부족한 상태에서 불안감에 시달리며 누워 있는 날이 많았다. 해가 중천에 뜬 시각에도 전날 밤에 입은 옷 그대로 침대에서 뒤척이다 채권자의 독촉 전화를 받는 일이 허다했다. 역설적이게도 독촉 전화를 받을수록 상환을 더 피하고 싶었다. 이미 다 망했다는 생각에 어차피 전화를 차단해도 달라질 게 없다 싶었다. 재정 상태를 추스르고 나서야 그것이 최악의 선택이었음을 깨달았다.

카드 대금을 연체하고 대출 상환을 미루면 그 대가는 생각보다 크다. 신용 점수가 크게 떨어지기 때문이다. 신용 이력이 짧은 젊은 층일수록 그 타격은 더욱 심각하다. 신용 점수를 결정하는 가장 중요한 요소는 결제 이력으로, 전체 산정 기준의 35%를 차지한다. 제때 결제하고 상환하는 것이 신용 점수를 높이는 가장 확실한 방법인 동시에, 이를 어기는 것이 점수를 깎아먹는 가장 빠른 길이기도 하다.

신용 점수 관리에 신경 써야 하는 이유는 분명하다. 점수가 높으면 훨씬 낮은 이율로 대출을 받을 수 있고, 반대로 점수가 너무 낮으면 대출 자체가 막힐 수 있다. 다음의 표는 신용 점수가 신차 및 중고차 구매 시 적용 이율(연이율)에 어떤 영향을 미치는지 보여준다.

<표 8-2> 신용 점수와 이자율

신용 점수	신차 구매 시 이자율	중고차 구매 시 이자율
최우량(781점~850점)	5.25%	7.13%
우량(661점~780점)	6.87%	9.36%
준우량(601점~660점)	9.83%	13.92%
비우량(501점~660점)	13.18%	18.86%
최저 신용(300점~500점)	15.77%	21.55%

출처: Sofi Learn*

중고차를 사기 위해 2만 달러(약 2800만 원)를 빌린다고 가정했을 때 신용 점수가 800점이라면 이자율은 약 7.13%고, 650점이라면 약 18.86%가 된다. 이자율에 대해 조금 감이 생겼다면, 이 차이가 결코 작지 않다는 것을 직감할 것이다. 그렇다면 실제로 부담해야 하는 비용은 얼마나 달라질까? <표 8-3>은 일반적인 자동차 할부 기간인 5년을 기준으로, 두 이자율이 총 이자 비용에 어떤 차이를 만들어내는지 보여준다.

---

* 온라인 금융 교육 플랫폼.

 난생처음 시작하는 돈 공부

할부 원금	신용 점수	이자율	총이자 비용
2만 달러	800점	7.13%	3835달러
2만 달러	650점	18.86%	1만 1036달러

앞의 사례를 보면 알 수 있듯이 이자율이 낮으면 5년간 7000달러 이상을 아낄 수 있다. 신용 점수가 왜 중요한지, 그리고 왜 반드시 제때 결제해야 하는지, 여기서 분명해진다. 지금 한 번 놓친 결제가 신용 점수를 끌어내리고, 이후 어떤 대출을 받든 훨씬 높은 비용으로 돌아온다.

이어지는 내용에서 확인하겠지만, 대출 최소 상환금만큼은 어떤 상황에서도 반드시 납부해야 한다. 하나의 대출을 빠르게 갚기 위해 다른 대출 상환을 일시적으로 멈춰도 되냐고 묻는 사람들이 있는데 '안 된다'. 대출 상환을 회피했을 때 재정에 얼마나 심각한 결과가 따르는지 이해했다면, 이 대답이 그리 놀랍지 않을 것이다.

이미 결제를 연체해 채권자를 피하고 있다 해도 인생이 끝났다고 생각하지 마라. 나 역시 그 상황에서 벗어났고, 지금은 신용 점수가 훌륭하다고 자신 있게 말할 수 있다. 미지급 등 부정적인 이력은 대체로 7년이 지나면 지워지기 때문이다. 회복의 첫걸음은, 몇 달째 연락을 피했던 채권 추심팀에 용기를 내어 전화를 거는 것이었다. 놀랍게도 그들은 생각보다 친절했다.

일단 두려움을 무릅쓰고 전화를 걸자 채권 추심팀은 몇 가지 선택지를 제시했다. 첫째, 월 상환액을 낮추는 방법이었다. 대출 상환 기간이 길어지고 이자 부담이 늘어나지만, 당장 월 상환액이 버거운 사람에게는 현실적인 선택지가 된다. 둘째, 지불 유예였다. 경제적 어려움을 겪는 이에게 단기적으로 상환을 줄이거나 멈출 수 있도록 허용하는 제도다. 유예 기간에도 이자는 계속 붙고 상환 기간도 그만큼 늘어나지만, 미상환으로 기록되지 않아 신용 점수에는 영향을 미치지 않는다.

어떤 상황이 닥치든 방법은 있다는 사실을 기억하라.

부채를 완전히 끝내는 두 가지 전략

대출 상환을 결심했다면, 이제 방법을 정할 차례다. 고금리 대출부터 갚을까, 잔액이 많은 것부터 갚을까, 월 상환액이 큰 것부터 갚을까?

구체적인 전략에 앞서 한 가지 짚어두고 싶은 것이 있다. 순서를 정하지 못해 여윳돈을 아무 대출에나 넣어 추가 상환했다해도, 그것만으로도 잘하고 있는 것이다. 순서를 완벽하게 지키지 않는다고 해서 실패하는 건 아니다.

 난생처음 시작하는 돈 공부

눈덩이 굴리기

눈덩이 굴리기The Snowball Method는 잔액이 가장 적은 대출부터 집중적으로 갚아가는 방법이다. 금액이 가장 적은 대출을 완전히 청산하고 나면 그 상환액을 다음으로 잔액이 적은 대출에 보탠다. 이를 반복하며 차례로 대출을 없애가는 것이다. 구체적인 작동 방식을 예시로 살펴보자. 현재 세 가지 대출이 있다고 가정한다.

- 신용카드 A: 카드 대금 잔액 500달러, 최소 결제 금액 25달러
- 신용카드 B: 카드 대금 잔액 1500달러, 최소 결제 금액 50달러
- 자동차 할부: 할부 잔액 5000달러, 최소 상환 금액 200달러

매달 200달러의 여윳돈을 대출 상환에 쓰기로 했을 때 눈덩이 굴리기 방식을 적용하면 상환 순서는 다음과 같다.

- 1단계: 잔액이 500달러로 가장 적은 신용카드 A부터 집중적으로 갚는다. 이 기간에는 신용카드 B와 자동차 할부금은 최소 금액만 납부한다.
- 2단계: 신용카드 A의 잔액이 남아 있는 동안은 최소 결제액 25달러에 여윳돈 200달러를 더해 매달 225달러씩 상환한다.
- 3단계: 신용카드 A를 완전히 청산하고 나면, 기존 상환액 225달러

에 신용카드 B의 최소 결제액 50달러를 더해 매달 275달러씩 신용카드 B를 갚는다.

- 4단계: 신용카드 B까지 대금을 다 갚고 나면 상황금 275달러에 자동차 할부 최소 상환 금액 200달러를 더해 매달 475달러씩 할부가 끝날 때까지 갚는다.

눈덩이 굴리기 방식을 지지하는 사람들은 대개 대출을 전부 갚을 때마다 동기가 부여된다는 점을 강조한다. 대출 잔액이 적은 것부터 시작하면 첫 완납이 빨리 찾아오고 그 경험이 자신감과 추진력으로 이어진다. 할 일 목록에서 하나씩 지워나가는 뿌듯함, 눈덩이 방식은 다른 어떤 전략보다 그 기쁨을 빨리 맛볼 수 있게 도와준다.

눈사태 방식

눈사태 방식Avalanche Method도 한 번에 하나의 대출에 집중한다는 점은 눈덩이 방식과 같다. 다만 잔액이 아니라 이자율을 기준으로 삼는다는 점이 다르다.

- 신용카드: 대금 잔액 6000달러, 연이율 21%
- 학자금 대출: 대출 잔액 1만 5000달러, 연이율 6%
- 자동차 할부: 할부 잔액 5000달러, 연이율 10%

 난생처음 시작하는 돈 공부

눈사태 방식을 적용한다면, 여윳돈이 생길 때마다 이율이 가장 높은 신용카드 대금부터 집중적으로 갚고, 학자금 대출과 자동차 할부금은 최소 상환액만 납부한다. 신용카드 대금을 완전히 청산하고 나면, 다음으로 이율이 높은 자동차 할부금에 기존 신용카드 상환액을 보탠다. 모든 대출을 다 갚을 때까지 이 과정을 반복한다.

경제적 관점에서 보면 눈사태 방식이 가장 현명한 선택이다. 이자 부담이 가장 큰 대출부터 순서대로 해결해나가기 때문에 전체적으로 지불하는 이자 총액을 줄일 수 있다. 다만 잔액이 많은 대출부터 시작하는 만큼 첫 완납의 기쁨을 느끼기까지 시간이 다소 걸린다. 그런 면에서 눈덩이 방식에 비해 심리적 동기부여 효과는 덜할 수 있다.

채무 통합 서비스를 고려하라

고금리 대출 상환이 버겁게 느껴지면 채무 통합을 고려한다. 여러 대출을 하나로 묶은 뒤 현재보다 낮은 이자율을 적용받아 이자 부담을 줄이고 상환 과정을 단순화하는 방법이다.

채무 통합 서비스를 이용하려면 별도의 대출 심사를 거쳐야 한다. 서비스를 제공하는 회사가 채무자의 남은 대출을 대신 갚아줄 자금을 빌려주는 위험을 감수하는 것이기 때문이다. 승인 여부와 적용 이자율은 신용 점수, 신용 이력, 수입, 대출 신청 금액 등 여러 요소에 따라 결정된다. 다음 표는 채무 통합 대출 승인을 받은 채무자의 신용 점수와 그에 따라 제공된 평균 이자율을 보여준다.

<표 8-4> 신용 점수와 연이율

채무자 신용 평가	신용 점수 범위	추산 연이율
우수	720~850점	10.44%
양호	690~719점	12.84%
보통	630~689점	17.12%
나쁨	300~629점	21.82%

출처: 너드월렛Nerdwallet*

다음 예시는 채무 통합을 이용해 어떻게 비용을 아끼고 상환을 단순화하는지 보여준다. 세 가지 대출이 있다고 가정해 보자. 신용카드 두 가지와 개인 대출 한 가지다.

- 신용카드 A: 대금 잔액 3000달러, 이율 18%

- 신용카드 B: 대금 잔액 5000달러, 이율 22%

- 개인 대출: 대출 잔액 7000달러, 이율 15%

* 미국의 온라인 개인 금융 정보 회사다.

 난생처음 시작하는 돈 공부

앞서 월 이자 비용 계산법을 배웠으니 직접 적용해 보자. 신용카드 A의 월 이자는 45달러, 신용카드 B는 92달러, 개인 대출은 88달러로 매달 부담하는 총이자 비용은 225달러다. 그런데 이 세 채무를 하나로 통합하면 대출 잔액은 1만 5000달러가 된다. 여기서 채무자의 신용 점수가 700점이라면 〈표 8-4〉에 따라 통합 채무의 연이율은 12.84%가 적용된다. 이 경우 월 이자 부담은 160달러로 줄어든다. 통합 전과 비교하면 매달 65달러를 아낄 수 있는 셈이다. 게다가 세 개로 나뉘어 있던 대출이 하나로 합쳐지니 관리도 훨씬 단순해진다. 그런데 채무를 통합하기 전에 반드시 고려해야 할 사항이 있다. 채무 통합 서비스에는 수수료가 발생한다. 연간 이용료, 잔고 이체 수수료, 대출 취급 수수료, 기타 부대 비용 등의 수수료는 통합하려는 채무 금액의 일정 비율을 기준으로 산정되는 경우가 많다.

예를 들어 1만 5000달러의 채무를 통합할 때 이체 수수료로 4%가 부과된다면, 여기서 600달러의 추가 비용이 발생하는 점을 감안해야 한다. 또 한 가지 주의할 점은, 채무 통합이 오히려 빚을 더 늘리는 유혹으로 이어질 수 있다는 것이다. 신용카드 대금을 통합하고 나면 잔액이 0원으로 초기화되는데, 이때 카드를 다시 긁고 싶은 충동이 생기기 쉽다. 유혹을 경계하고, 대출을 감당하지 못해 얼마나 힘들었는지를 되새겨야 한다.

씀씀이를 줄이려 꾸준히 노력해왔지만 과거의 실수로 인해 여전히 높은 이자를 감당하고 있다면, 채무 통합은 고려할 만한 방법이다. 통합 대출 승인을 받아 이자율을 낮추는 데 성공했다면 부채에서 벗어나는 의미 있는 한 걸음을 내디딘 것이다.

빚에서 완전히 빠져나오려면 꾸준한 노력과 인내가 필요하다. 하지만 모든 대출을 청산하고 나면, 그 노력과 인내를 이제 더 큰 목표, 즉 은퇴 준비에 쏟을 수 있다.

결론만 모아보기

- **순자산이 0달러라는 사실에 자부심을 가져라.** 빚더미에서 빠져나오는 건 부를 쌓기보다 훨씬 어렵다. 순자산을 0으로 되돌려놓았다는 것 자체가 대단한 성취이며, 앞으로는 목표도 훨씬 더 쉽게 달성할 수 있다.

- **고금리 대출을 빠르게 전액 상환하라.** 투자 계좌 잔액이 불어나는 모습을 빨리 보고 싶겠지만, 고금리 대출부터 갚는 것이 돈을 더 효과적으로 쓰는 방법이다.

- **신용 점수를 지켜라.** 신용 점수가 이자율을 결정하며, 이자율은 상환해야 할 총금액을 결정한다. 신용 점수를 높이거나 강화하는 가장 좋은 방법은 대출 상환일을 절대 놓치지 않고 제때 상환하는 것이다.

- **대출 상환 전략을 세워라.** 눈사태 방식이든, 눈덩이 방식이든, 채무 통합이든 자신에게 가장 잘 맞는 방법을 선택하고, 그 방식을 고수하라.

난생처음 시작하는 돈 공부

9장

든든한 은퇴를 설계하는 법

: 풍요로운 노후를 완성하는 한 끗 차이

교사로 일하는 내내 반복되는 일이 있다. 한 단원을 마치고 나면 시험을 본다고 안내하는데, 그럴 때마다 학생들에게 벼락치기는 효과가 없으니 미루지 말고 공부해야 한다고 일러둔다. 심층 학습은 꾸준하고 정기적인 공부를 통해 이루어진다. 하루 20분씩 엿새 공부하는 것이 한 번에 120분을 몰아서 하는 것보다 훨씬 효과적이다. 하지만 대부분의 학생은 이 조언을 흘려듣고, 시험 전날 밤 한 달 치 내용을 벼락치기해서 공부한 뒤 충혈된 눈으로 시험장에 들어선다. 반면에 일찍부터 조금씩 준비한 학생들은 충분히 쉬고 여유롭게 시험을 통과한다. 공교롭게도 상반되는 학습 습관은 성인들이 은퇴를 준비하는 방식과 닮아 있다.

은퇴 준비는 20대부터 하는 게 좋다

많은 사람의 삶은 시험을 미루는 학생과 다르지 않다. 40대, 50대, 심지어 60대가 되어서도 은퇴를 진지하게 생각하지 않는다. 20~30대에는 매달 300달러의 여윳돈이 생기면, 은퇴 준비보다 당장 더 즐거운 일에 쓰고자 한다. 은퇴 준비는 나중에 나이가 들면 그때 시작해도 충분하다고 생각하기 때문이다.

문제는 투자를 미룰수록 같은 목표 금액에 도달하기 위해 훨

 난생처음 시작하는 돈 공부

씬 더 많은 돈을 쏟아부어야 한다는 점이다. 다음 표는 은퇴 자금 마련을 언제 시작하느냐에 따라 은퇴 시점의 최종 잔고가 어떻게 달라지는지 보여준다.

<표 9-1> 투자 시작 나이와 은퇴 시 잔고

투자 시작 나이	월 투자금	67세가 되었을 때 잔고
25세	300달러	212만 9000달러
35세	300달러	79만 6500달러
45세	300달러	28만 2750달러
55세	300달러	8만 4680달러

은퇴 준비에 대해서 많은 사람이 대개 "나중에 해도 되겠지"라고 생각한다. 지금 시작하든 나중에 시작하든 결과는 비슷할 거라는 막연한 믿음이다. <표 9-1>은 그 생각이 얼마나 큰 착각인지 보여준다. 25세에 매달 300달러(약 42만 원)씩 투자를 시작하면 은퇴 시점에 200만 달러(약 28억 원)가 넘는 잔고를 만들 수 있다. 하지만 투자를 미루면 같은 잔고를 갖기 위해 매달 훨씬 더 많은 금액을 투자해야 한다.

은퇴 준비를 10년 미뤄도 같은 잔고를 만들려면 매달 거의 세 배에 가까운 금액을 투자해야 한다. 일찍 시작할수록 복리가 더 오래, 더 크게 작동하기 때문이다. 25세에 월 300달러씩 투자하기 시작하면 총 약 15만 1000달러만 직접 투자해도 은퇴 시 212만 9000달러를 얻을 수 있다. 반면 은퇴 준비를 55세까지 미루다가 투자를 시작하면 한 달에 7500달러씩 투자해야 하고, 직접 투자해야 하는 금액은 110만 달러나 된다.

<표 9-2> 투자 시작 나이와 월 투자금

투자 시작 나이	월 투자금	67세가 되었을 때 잔고
25세	300달러	212만 9000달러
35세	800달러	212만 9000달러
45세	2250달러	212만 9000달러
55세	7500달러	212만 9000달러

〈표 9-1〉과 〈표 9-2〉는 은퇴 대비 투자를 최대한 일찍 시작해야 한다는 사실을 수치로 명확히 보여준다.

아직 젊은 사람이라면 이번 장을 읽지 않고 건너뛰고 싶은 마음이 들었을 것이다. 퇴직은 아직 먼일처럼 느껴지기 때문이다. 하지만 그러지 마라. 은퇴 준비를 뒤로 미루면 미룰수록 나중에 더 많은 돈을 투자해야 한다.

반대로 나이가 있는 편이라면 복리를 활용할 기회를 이미 놓쳤다는 생각에 투자 자체가 무의미하게 느껴질 수도 있다. 하지만 그렇게 생각할 필요 없다. 일찍 시작했을 때만큼의 목표 금액에는 미치지 못하더라도 지금 당장 시작하는 것이 아무것도 하지 않는 것보다 은퇴 후 삶을 훨씬 여유롭게 만들어준다.

이번 장에서는 은퇴 대비 투자가 어떻게 작동하는지 살펴보고 활용할 수 있는 다양한 투자 계좌를 소개한다. 나아가 은퇴 후 필요한 금액을 따져 보고 구체적인 목표 금액과 이를 달성하기 위한 월 투자금을 함께 계산해 볼 것이다.

은퇴는 왜 이렇게 두려운가

보통 은퇴 준비는 재테크에서 가장 큰 관심사이고, 종종 두려움과 불안을 크게 일으키는 영역이기도 하다. 그럴 수밖에 없다. 안정적인 수입이 있을 때도 돈 문제로 스트레스를 받는데, 일도 하지 않고, 수입도 줄어든다면 걱정되는 건 당연한 일이다.

하지만 은퇴 이후를 걱정하며 잠 못 이룰 필요 없다. 미국 연방준비제도 산하 가계금융조사Survey of Consumer Finances에 따르면 미국 가구의 절반 정도가 은퇴를 대비한 저축이 전혀 없다고 한다. 대부분의 사람이 은퇴 준비에 있어 턱없이 부족한 상태라는 뜻이다. 〈표 9-3〉은 미국의 연령대별 은퇴 저축 중윗값을 보여준다.

각자 경제 상황에 따라 표를 보고 드는 생각은 모두 다를 것이다. 안도하는 사람도 있고, 불안해지는 사람도 있을 것이다. 평균이 그렇다고 해서 우리도 그래도 된다는 뜻은 아니다. 반대

연령	은퇴 저축 중위 금액
35세 미만	1만 8880달러
35~44세	4만 5000달러
45~54세	11만 5000달러
55~64세	18만 5000달러
65~74세	20만 달러
75세 이상	13만 달러

출처: 가계금융조사

로 표에 나온 금액보다 훨씬 적은 자금을 가지고 있다고 해서 절망할 필요도 없다. 생각보다 효과적으로 은퇴 자금을 불릴 수 있기 때문이다.

은퇴 준비가 얼마나 되어 있든, 한 가지 직시해야 할 사실이 있다. 은퇴 이후의 삶은 두렵다. 하지만 그 두려움은 대부분 무지에서 비롯된다. 편안한 노후를 위해 수십만, 수백만 달러가 필요하다는 건 알지만 어떻게 모아야 하는지, 어떤 투자 수단을 활용할 수 있는지는 모른다. 그러다 보니 은퇴 준비가 막막하게 느껴지고, 결국 그 불편한 주제를 외면하게 된다.

한 가지만 기억하길 바란다. 투자를 통해서 은퇴를 준비하는 일은 생각보다 훨씬 쉽다.

난생처음 시작하는 돈 공부

재테크 조언이 대개 그렇듯이 은퇴 준비 지침도 들을수록 명확해지기는커녕 더 혼란스러울 때가 많다. 처음 은퇴 준비를 진지하게 생각하기 시작했을 때 어느 책에서 수입의 15%를 퇴직연금 계좌에 투자하면 충분하다는 내용을 읽었다. 또 다른 조언은 연봉의 배수를 기준점으로 삼으라고 했다. 30세에는 연봉만큼, 40세에는 연봉의 3배, 50세에는 6배, 67세에는 10배를 모아야 한다는 식이다. 이런 조언들 덕분에 은퇴 준비의 윤곽은 어렴풋이 잡혔지만, 여전히 풀리지 않는 의문이 많았다.

- 수입의 15%를 투자하면 65세 때는 얼마가 되는 걸까?
- 수입의 15%가 아니라 10%나 20%를 투자한다면 은퇴 저축에는 얼마만큼 영향을 주는 걸까?
- 소득이 매우 낮으면 어떻게 될까? 그래도 15%만 투자하면 은퇴 준비로 충분한 걸까?
- 30대에 접어들어 연봉이 올랐음에도, 전체 수입에서 은퇴 저축이 차지하는 비중이 오히려 줄어들었다면 어떻게 해야 할까?
- 이 전략을 따른다면 은퇴 이후 매달 연금을 얼마나 받게 되는 걸까?
- 투자한다는 게 무슨 뜻일까? 어디에 돈을 투자해야 하는 걸까?

수많은 질문이 꼬리를 물었지만 누군가에게 물어보기는 겁
났다. 분명히 명확한 답이 있을 것 같은데 당연히 알아야 할 사
항을 모른다는 게 드러나서 바보처럼 보일 것 같았기 때문이다.
지금 돌아보면 그때 나는 은퇴 준비의 기초조차 모르고 있었다.
소득의 일정 비율을 저축하라는 조언은 넘쳐났지만, 정작 퇴직
연금이 무엇인지, 그것이 어떻게 자산을 불려주는지 전혀 몰랐
다. 그냥 매달 은행 계좌에 돈을 넣어두면 언젠가 충분한 금액
이 쌓일 거라고 막연하게 생각하는 게 전부였다.

다행히 실제 은퇴 준비 과정은 이보다 훨씬 쉽고 효율적이
다. 막막함을 느끼는 사람을 위해서 은퇴 준비의 기본 개요를
소개한다.

첫째, 수십 년간 일하면서 퇴직연금이나 개인연금 등 퇴직연
금 계좌에 꾸준히 돈을 납입한다. 기본적인 인덱스 펀드나 생애
주기 펀드에 투자하는 것만으로도 복리와 시간의 힘으로 투자
금은 놀라울 만큼 효과적으로 불어난다. 적당한 나이에 은퇴할
만큼 충분한 자금이 모이면, 그동안 쌓아온 거액의 은퇴 자금에
서 매달 필요한 만큼만 인출해 생활한다.

둘째, 은퇴 후에는 모아둔 자금을 좀 더 보수적인 상품에 투
자해 원금을 안전하게 지키면서도 적절한 수익을 얻는다. 자금
이 투자된 상태를 유지하므로 지출을 어느 정도 상쇄할 수 있
고, 원금도 더 오래 보존된다.

예를 들어 은퇴할 때까지 50만 달러를 모았다고 해 보자. 이 돈을 연평균 투자 수익률 약 4%인 안전한 투자 상품에 투자하면 연간 수익은 2만 달러다. 이때 연간 지출이 2만 달러를 넘지 않는다면 투자 원금은 전혀 줄어들지 않는다. 쓰는 만큼 투자 수익으로 채워지기 때문이다.

평생 돈이 마르지 않는 4%의 법칙

은퇴 준비를 위한 목표를 세우는 일은 어렵다. 은퇴 후 생활비가 얼마나 필요할지, 자금이 떨어지지 않으려면 매년 계좌에서 얼마씩 꺼내 써야 할지 모르는 사람이 대부분이다. 이때 목표를 세우는 데 도움이 되는 개념이 바로 4%의 법칙이다. 매년 은퇴 저축의 4%만 인출하면 자금이 30년 동안 유지된다는 원칙이다.

<표 9-4> 은퇴 저축 잔액과 4%의 법칙

은퇴 저축 잔액	연소비 금액(잔액의 4%)
10만 달러	4000달러
25만 달러	1만 달러
50만 달러	2만 달러
100만 달러	4만 달러
200만 달러	8만 달러

이와 함께 매달 납입하는 투자금과 은퇴 시점의 총잔액 사이의 관계를 이해하는 것도 중요하다. 앞의 4%가 실제로 얼마에 해당하는지 은퇴 저축 잔액별로 보여준다.

한 가지 짚고 넘어갈 사실이 있다. 대부분의 사람은 은퇴 저축을 보조하는 사회 보장 혜택*을 받는다. 2024년 기준 평균 월 1900달러(약 266만 원) 수준이다.[18] 앞서 표에서 확인했듯이 은퇴 시점에 10만 달러(약 1억 4000만 원)를 모았다면 노후를 검소하게 보내야 하겠지만, 100만 달러 이상을 마련했다면 훨씬 여유로운 삶을 살 수 있다.

지금 당장 은퇴 대비 저축이 전혀 없다 해도 자책하거나 패닉에 빠질 필요 없다. 이번 장에서는 앞으로 어떻게 은퇴를 준비해야 할지 함께 계획해 보고, 시간이 쌓일수록 은퇴 저축이 얼마나 효율적으로 불어나는지 확인할 것이다.

4%의 법칙은 은퇴 이후 지출을 측정하는 완벽한 지표는 아니다. 하지만 현실적인 목표를 세우는 데 유용한 출발점이 된다. 예를 들어 주택담보대출을 아직 갚고 있거나 전월세로 산다면 지출이 더 많은 만큼 더 많은 은퇴 자금이 필요하다. 자녀가 있다면 지출을 더욱 절제하거나 자녀에게 물려줄 재산도 고려해야 할 것이다. 재테크의 모든 영역이 그렇듯이 은퇴 준비도

자신의 상황에 맞는 목표를 세우는 것이 중요하다. 분명한 것은 은퇴 후 지출 규모를 반드시 따져봐야 한다는 점이다. 은퇴 자금으로 400만 달러를 모았다고 해도 1년에 40만 달러씩 쓴다면 은퇴 자금을 적게 모은 사람과 마찬가지로 돈은 금방 사라진다.

4%의 법칙은 은퇴 후 지출 기준을 잡고, 은퇴 시점까지 모아야 할 총금액을 정하는 데 도움을 준다. 목표 금액을 대략적으로 계산하는 방법은 간단하다. 은퇴 후 원하는 연 소득을 정하고 25를 곱하면 된다. 그 결과가 은퇴 시점까지 모아야 할 목표 금액이다.

<표 9-5> 은퇴 이후 원하는 소득을 얻는 데 필요한 총저축액

원하는 연 소득	필요한 총저축액
2만 5000달러	62만 5000달러
5만 달러	125만 달러
7만 5000달러	187만 5000달러
10만 달러	250만 달러
15만 달러	375만 달러

앞의 표는 은퇴 이후 원하는 소득과 이를 얻기 위해 모아야 할 금액을 보여준다. 여기에는 사회 보장 혜택이 포함되어 있지 않다는 점에 유의하라. 그러므로 표에 나오는 금액을 다 모은다면 은퇴 이후 연 소득은 훨씬 높을 것이다.

  총 은퇴 자금을 얼마나 모아야 할지 목표를 정하다 보면 대체로 다음 질문이 따라온다. '그 돈을 어떻게 모을까?' 20년, 30년, 혹은 40년 뒤인 목표에 도달하려면 매달 얼마씩 투자해야 하는지 아는 사람은 많지 않다. 예를 들어 65세까지 100만 달러를 모으는 게 목표고, 현재 은퇴 준비를 전혀 하지 않은 35세라면 지금부터 매달 얼마를 투자해야 하는지 먼저 파악해야 한다.

  다음의 표는 앞서 한 차례 소개한 바 있는데 투자 기간과 월 투자금, 최종 은퇴 자금 총액 사이의 관계를 보여준다. 목표에 도달하기 위해 매달 얼마를 투자해야 할지 가늠하는 데 도움이 될 것이다.

  35세부터 65세까지 30년동안 매달 100달러씩만 투자해도

<표 9-6> 투자 수익률 10%를 전제로 한 은퇴 준비 투자금

투자 기간	월 100달러	월 250달러	월 500달러	월 1000달러
5년	8058달러	2만 146달러	4만 293달러	8만 587달러
10년	2만 1037달러	5만 2593달러	10만 5187달러	21만 374달러
15년	4만 2000달러	10만 4849달러	20만 9698달러	41만 9396달러
20년	7만 5603달러	18만 9007달러	37만 8015달러	75만 6029달러
25년	12만 9818달러	32만 4545달러	64만 9090달러	129만 8181달러
30년	21만 7132달러	54만 2830달러	108만 5660달러	217만 1321달러
35년	35만 7752달러	89만 4380달러	178만 8760달러	357만 7521달러
40년	58만 4222달러	146만 555달러	292만 1110달러	584만 2221달러

난생처음 시작하는 돈 공부

65세 평균 은퇴 저축 잔액을 넘어선다는 사실이 놀랍다. 직접 투자한 금액은 3만 6000달러에 불과하지만 복리의 힘으로 총 잔액은 거의 20만 달러에 달한다.

이 사실을 알고 나면 한결 마음이 가벼워진다. 외식비, 충동적인 쇼핑, 거의 보지 않는 스트리밍 서비스 구독료로 흘려보냈을 100달러를 매달 퇴직연금 계좌에 넣는 것만으로도 평균적인 은퇴 자산에 도달할 수 있기 때문이다.

저축을 늘릴 방법을 고민하는 것과 더불어, 소소하게라도 추가 수입을 만들 방법은 없을지 생각해 보자. 나는 재정 점검을 마친 뒤 매달 200달러를 더 벌기 위해 우버 운전을 했다. 목표 금액을 채운 뒤 운전을 그만두고 번 돈을 전부 퇴직연금 계좌에 넣었다. 그 돈은 사실상 미래의 내 수입이었다.

믿기 어렵겠지만, 은퇴 준비를 일찍 시작하면 매달 200달러씩만 투자해도 노후를 편안하게 보낼 만한 은퇴 자금을 마련할 수 있다. 매달 소액만 투자해도 복리가 적용되면 의미 있는 변화가 생긴다. 매달 투자금을 100달러에서 250달러로 늘려 30년을 유지하면 거의 55만 달러가 된다. 현재 평균 은퇴 자금의 2.5배가 넘는 금액이다.

더 나아가 추가 수입을 만드는 방법에 대해서는 이어지는 10장에서 자세히 다룰 것이다.

____ 스스로 만드는 투자 시스템: 퇴직연금과 개인연금

앞서 4장에서 이야기했던 것처럼 퇴직연금 계좌를 통한 투자는 기본적으로 증권사 계좌를 통한 일반적인 투자와 다르지 않다. 웹사이트에서 일반 투자 계좌를 개설하면 마이크로소프트 주식, 인덱스 펀드, 생애주기 펀드에 어렵지 않게 바로 투자할 수 있다.

놀랍게도 퇴직연금 계좌에서 투자하는 건 더 쉽다. 투자가 자동으로 이루어지고, 투자 선택지도 더 적기 때문이다. 어디에 투자할지 결정하는 것 자체가 부담스러운 사람에게는 오히려 반가운 사실이다. 이어지는 내용에서는 퇴직연금과 개인연금을 자세히 살펴본다. 이를 통해 수익성 높은 은퇴 대비 투자 상품을 자신 있게 활용할 수 있을 것이다.

퇴직연금에 대하여

은퇴 이후를 준비하는 계좌를 401(k)라고 부르는 이유는 간단하다. 미국 국세청 세법 401조 K항에 정의되어 있기 때문이다. 이를 제공하는 회사는 입사 시 퇴직연금 가입 여부를 확인한다. 일부 회사는 3~6개월 근무 후에 가입을 허용하는 경우도 있다. 입사 당시에 가입 기회를 놓쳤더라도 걱정할 필요 없다. 퇴직연금은 언제든 가입할 수 있다.

　　　　　　　　　　　난생처음 시작하는 돈 공부

퇴직연금에 가입하면 급여에서 얼마씩 공제할지 정한다. 앞의 〈표 9-6〉을 참고해 은퇴 목표 금액에 맞는 투자금을 설정하길 권한다.

가입과 납입금 설정을 마쳤다면, 이제 그 돈을 실제로 어디에 투자할지 결정할 차례다. 안타깝게도 많은 사람이 이 마지막 단계를 잊거나 어려워하며 방치한다. 명심하라. 퇴직연금 계좌는 투자 상품이 아니라 돈을 담는 '그릇'일 뿐이다. 계좌에 돈만 넣어둔 채 인덱스 펀드처럼 구체적인 상품을 선택하지 않는다면, 자산은 불어나기는커녕 그저 잠든 채 묶여 있게 된다.

퇴직연금 운용사는 인덱스 펀드, 생애주기 펀드 등의 투자 상품 목록을 제공한다. 어떤 상품을 골라야 할지 모르겠다면 운용 보수가 낮은 S&P500 인덱스 펀드를 선택하면 무난하다. 겁먹지 마라. 어떤 인덱스 펀드든 장기적으로는 수익을 내왔고, 무엇을 고르든 아무것도 하지 않는 것보다는 훨씬 낫다.

이러한 과정을 거치면 훗날에는 편안한 노후를 보낼 수 있을 것이다. 이 시스템의 백미는 일단 투자를 설정하기만 하면 모든 과정이 자동화된다는 점이다. 급여가 지급될 때마다 투자금이 자동으로 공제되어 사전에 선택한 상품에 투자된다.

당장 오늘 이 설정을 마치고 급여일마다 총 300달러를 투자한다면 30년 후에는 약 60만 달러가 모인다. 놀라운 점은 설정을 마친 그 순간부터 할 일은 아무것도 없다는 사실이다. 급여를 받을 때마다 번거롭게 계좌 이체를 할 필요도 없고, 매번 투자할 상품을 고를 필요도 없다. 투자 전략을 바꾸기 위해 매일 주식을 확인하지 않아도 된다.

현재 35세인데 은퇴 저축 계좌가 하나도 없는 사람이 있다고 가정해 보자. 이러한 현실 때문에 스트레스를 받고 있으며, 65세까지 번듯한 노후 자금을 어떻게 모아야 할지 고민 중이다. 그런데 마침 급여가 올라 매달 200달러의 여윳돈이 생겼고, 바로 얼마 전 학자금 대출을 전부 상환했다. 이제 방법은 간단하다. 매달 나가던 상환금이 300달러였으니, 이제 두 금액을 합치면 매달 500달러를 손에 쥐게 된 셈이다. 이 돈을 앞으로 30년간 꼬박꼬박 퇴직연금 계좌에 넣는다면, 은퇴할 무렵에는 약 100만 달러가 쌓여 있을 것이다. 이처럼 성공적인 은퇴 준비는 생각만큼 먼일이 아니다.

한 가지 짚고 넘어갈 사실이 있다. 퇴직연금은 지금 다니는 회사에 속한 돈이 아니다. 즉, 직업을 바꾸거나 직장을 옮기더라도 그동안 퇴직연금에 투자한 돈은 그대로 남는다. 퇴직 이후에도 이미 쌓인 돈을 퇴직연금 계좌에 두고 계속 굴리거나, 개인연금 계좌로 옮겨서 관리할 수 있다. 어느 쪽을 선택하든 퇴사나 이직이 은퇴 저축을 사라지게 만드는 것은 아니다.

개인연금에 대하여

은퇴 자금을 마련할 수 있는 가장 일반적인 방법은 퇴직연금에 투자하는 것이다. 하지만 퇴직연금 제도를 운영하지 않는 회사에 다니거나 자영업에 종사한다면 퇴직연금에 투자할 수 없다. 이런 상황이라면 개인연금이 대안이 된다.

좋은 소식은 개인연금도 퇴직연금과 거의 같은 방식으로 작동한다는 점이다. 계좌를 개설하고, 투자금을 이체한 뒤에 어떤 상품에 투자할지 결정하면 된다. 다만 이 과정을 전부 스스로 처리해야 한다는 점이 번거로울 수 있다.

그렇다고 겁먹을 필요는 없다. 어렵지 않은 일이고, 운용사에는 전화 한 통으로 전 과정을 친절히 안내해주는 직원이 있다. 게다가 일반 은행 계좌에서 개인연금 계좌로 매달 자동이체를 설정해두면 투자를 자동화할 수 있다.

퇴직연금은 회사가 지정한 자산운용사가 관리하지만, 개인연금은 원하는 회사를 직접 고를 수 있다. 인터넷으로 검색만 해 보면 즉시 각 회사 홈페이지로 이어지며 온라인으로 바로 계좌 개설을 시작할 수 있다.

개인 정보를 입력하고 나면 새로 개설한 개인연금 계좌와 연결할 주거래 은행 계좌 정보를 입력해야 한다. 두 계좌를 연결하고 나면 개인연금 계좌로 자금을 이체하고 투자 상품을 선택할 수 있다.

퇴직연금과 마찬가지로, 개인연금도 계좌에 돈을 넣는 것만으로 투자가 이루어지지는 않는다. 입금된 돈은 투자 상품을 지정하기 전까지 '결제 자금' 상태로 머문다. 어디에 투자할지 결정해야 비로소 돈이 움직인다.

꾸준한 투자 습관을 들이고 매달 이체하는 번거로움을 없애려면 자동이체 예약을 설정해두는 것이 좋다.

퇴직연금과 개연연금을 '동시에' 투자할 수 있는지 종종 궁금해하는 사람이 많다. 결론부터 말하자면 충분히 가능하다. 두 계좌를 모두 최대한 활용해 넉넉한 노후를 준비하고 싶다면 얼마든지 병행할 수 있다. 퇴직연금 프로그램이 제공하는 투자 상품에 만족하지 못해서 개인연금 계좌를 따로 운용하는 사람도 꽤 있다.

작은 투자도 미루지 마라

투자 금액을 정하는 것이 어려운 또 다른 이유는 한번 결정하면 바꿀 수 없다고 생각하기 때문이다. 지금은 매달 200달러씩 투자할 수 있을 것 같지만, 나중에 여윳돈이 사라질까 봐 걱정이 앞선다. 이런 불안 앞에서 많은 사람이 최악의 선택을 내린다. 아무것도 결정하지 않는 것이다.

난생처음 시작하는 돈 공부

하지만 투자 금액은 언제든 바꿀 수 있다. 그리고 오늘 넣은 돈은 액수가 얼마든 복리의 힘으로 시간이 지날수록 훨씬 큰 가치를 갖게 된다. 예를 들어 퇴직연금에 투자하고 싶지만 몇 년 안에 차를 바꿔야 해서 앞으로 생길 월 할부금이 부담스럽다고 하자. 이때 선택할 수 있는 방법은 두 가지다.

- A. 2년 동안 매달 200달러씩 일반 계좌에 저금하다가 새 차를 사야 할 때 저금을 멈춘다.
- B. 일반 계좌에 돈을 넣는 대신 2년 동안 퇴직연금 계좌에 200달러씩 투자한다. 2년 뒤 차를 사야 할 시점이 오면 인사부서에 퇴직연금 납입을 중단하고 싶다고 알린다.

그런데 많은 사람이 B안을 선호하지 않는다. 2년 동안 한 달에 200달러씩 투자하는 게 노후에 얼마나 큰 차이를 만둘어줄지 가늠을 못하기 때문이다. 하지만 단 2년 동안 매달 200달러씩 투자하고 이후 추가 납입을 완전히 멈추더라도, 30년 뒤 은퇴 시점에는 약 8만 5000달러가 된다는 사실을 알면 생각이 달라질 것이다. 2년 동안 매달 200달러씩 넣은 원금 4800달러가 추가 투자 없이 그 금액으로 불어나는 것이다. 이것이 바로 장기 투자의 힘이다. 아무리 적은 금액이라도 일찍 투자할수록 결과는 크게 달라진다. 퇴직연금 계좌에 투자할 여력이 있다면,

금액이 적어도 꾸준하지 못할 것 같더라도 가능할 때 반드시 투자해야 한다.

작은 돈이 만드는 엄청난 차이

무언가를 사려다 가격 앞에서 망설였던 순간을 떠올려 보자. '겨우 30달러야'라거나 '에이, 얼마 안 되네'라고 대수롭지 않다는 듯 구매를 합리화한 적이 얼마나 많은가?

많은 사람이 소비를 결정할 때는 쉽게 합리화하면서도 그 돈을 투자하는 데는 인색하다. 하지만 복리의 힘을 안다면 단돈 50달러, 100달러도 가볍게 여겨서는 안 된다. 이 푼돈을 제대로 투자했을 때 얼마나 불어나는지를 생각해야 한다. "겨우 100달러야, 뭐 어때?"라고 생각하는 대신 "단돈 100달러만으로도 은퇴 준비를 제대로 할 수 있어"라고 생각해야 한다.

예를 들어 월세 1800달러짜리 A 아파트와 2300달러짜리 B 아파트를 두고 고민 중이라고 하자. A를 선택하면 매달 500달러를 아껴 연금 계좌에 넣을 수 있다. 이 돈을 30년간 꾸준히 굴리면 은퇴 시점에 100만 달러에 가까운 자산이 쌓인다.

B 아파트는 시설도 좋고 근사한 베란다도 딸려 있다. 하지만 A 아파트에는 노후가 보장된 퇴직연금 계좌가 따라온다. 경제

적 불안을 덜어줄 선택이 어느 쪽인지는 자명하다. 그래도 여전히 '고작 500달러'라는 생각이 드는가?

불필요한 지출을 모두 줄여도 생활비나 은퇴 자금이 여전히 빠듯하다면, 이제는 수입 자체를 늘릴 방법을 찾아야 한다. 다음 장에서는 부수입을 만들어 수입의 파이를 키우는 실전 전략을 다룰 것이다.

<h2 style="text-align:center">결론만 모아보기</h2>

- **기다리지 마라.** 재테크에서 시간은 가장 중요한 변수다. 은퇴 준비를 일찍 시작할수록 목표에 도달하기도 쉽다.

- **구체적인 목표를 정하라.** 은퇴 자금으로 매년 얼마씩 모을 건지 정하고, 그 금액에 25를 곱한다. 이 금액이 은퇴 시점까지 모아야 할 총 목표 금액이다. 복리 계산기를 이용해 목표 금액에 도달하려면 매달 얼마씩 투자해야 할지 정한다.

- **회사가 지원하는 퇴직연금 계좌나 개인연금 계좌를 활용하라.** 두 계좌에는 모두 세금 혜택이 있으며, 일반 증권 계좌보다 훨씬 효율적으로 은퇴 자금을 불릴 수 있다.

- **퇴직연금 계좌에 회사가 매칭하는 금액만큼 투자하라.** 회사가 급여의 3%를 보조하면 최소 3%, 6%를 보조하면 6% 이상을 투자하라.

· **퇴직연금 계좌에 투자하는 선택은 불변이 아니다.** 첫 번째 투자를 할

때 완벽에 집착하며 겁먹을 필요는 없다. 상황에 맞춰 매달 납입 금액

을 조정하거나 투자 상품을 교체하는 일은 언제든 가능하다.

 난생처음 시작하는 돈 공부

10장

경제적 자유로 가는 길

: 월급 너머의 수익 구조를 설계하라

래퍼 노토리어스 비아이지Notorious B.I.G를 정말 좋아하지만 돈
이 많아질수록 문제도 많아진다는 그의 주장에는 동의하지 않
는다. 물론 한 번쯤 곱씹어볼 만한 말이긴 해도, 솔직히 대부분
의 사람은 돈이 더 많을 때 눈앞의 문제를 훨씬 수월하게 해결
할 수 있다고 믿는다.

돈 문제는 결국 '돈'이 있어야 해결된다

검소하게 생활하는데도 목표를 달성하기에는 돈이 모자란다
면, 그건 생활비 자체가 '절대적으로' 부족하기 때문일 확률이
높다. 돈이 있어야 돈 문제가 해결된다는 말이 뻔한 소리처럼
들리겠지만, 애석하게도 이것이 엄연한 사실이다. 수입 자체가
지나치게 적으면 라면으로 끼니를 때우고, 차를 팔아서 걸어다
니며, 공과금을 아끼려 일주일에 한 번만 샤워하는 눈물겨운 노
력을 한다 해도 결국 빈털터리 신세를 면하기 어렵다. 저소득이
라는 굴레에서 벗어나는 가장 좋은 방법은 결국 소득 자체를 늘
리는 것이다.

최근 가장 친한 친구가 누구나 한 번쯤 마주할 법한 고민에
빠졌다. 죽기보다 싫지만 연봉이 높은 일과 정말 좋아하지만 연
봉이 턱없이 낮은 일 사이의 갈림길에 선 것이다.

  난생처음 시작하는 돈 공부

카지노 바텐더로 일하던 친구는 담배 연기 자욱한 곳에서 시간을 죽이며 손님들이 노후 자금을 탕진하는 모습을 지켜보는 일에 신물이 났다. 결국 그는 다시 공부해 옐로스톤국립공원의 산림직 일자리를 제안받았다. 언제나 네온사인 대신 노을과 버펄로를 마주하는 삶을 갈망했지만, 문제는 급여였다. 산림직 연봉이 바텐더 시절 수입의 절반에 불과했기 때문이다.

하지만 그는 행복을 위해 과감히 떠났다. 그리고 곧 낮은 수입을 보충할 영리한 대안을 찾아냈다. 카지노보다 훨씬 쾌적한 곳에서 주 2~3회만 바텐더로 아르바이트를 시작한 것이다. 비록 전보다 전체 수입은 줄었지만, 심각한 경제적 불안 없이 새로운 삶을 만끽하고 있다. 현재 그는 산림직 급여로 생활비를 충당하고, 아르바이트로 번 월 1600달러는 은퇴 자산과 휴가 자금으로 저축하며 여유로운 일상을 꾸려가는 중이다.

친구는 이러한 삶을 위해 돈을 벌기도 전에 '계획'을 세워야 했다. 야외 활동을 좋아하는 친구는 산림직으로 버는 주 수입으로는 자신의 방랑벽을 채우기엔 부족하다는 사실을 알고 있었다. 친구는 바텐더 아르바이트를 해서 번 돈을 여윳돈으로 보는 대신 콜롬비아로 가는 비행기표, 알래스카로 떠나는 낚시 여행, 혹은 리스본의 보트 투어로 여겼다. 추가로 돈을 벌면 자신이 정말 가치 있게 여기는 경험을 할 수 있다고 생각하니 투잡을 뛰며 노력하는 일이 훨씬 할 만해졌다.

추가 일자리나 소득원을 구하기 전에 여기서 버는 돈으로 무엇을 할 것인지, 그 돈으로 어떻게 삶을 윤택하게 만들지 결정하라.

이번 장에서는 아주 소액이라도 추가 수입이 생겼을 때 어떻게 쓰면 좋은지, 그 돈이 개인의 재정 상태에 얼마나 큰 변화를 불러오는지 살펴보려 한다. 아울러 나에게 맞는 부업을 찾는 법과 추가 수익을 올릴 수 있는 다양한 경로를 소개한다.

성공할 때까지 성공한 척하라

직장에서 내가 하는 일도 제대로 모르는 것 같은데, 동료들이 조언을 구하러 와서 당황한 적이 있는가? 이처럼 충분히 실력을 발휘하고 있으면서도 정작 스스로는 자신의 기술이나 정보, 적성을 의심하는 증상을 가면 증후군Imposter Syndrome이라고 한다. 이런 잘못된 생각에 사로잡힌 이들에게 들려주고 싶은 세 가지 이야기가 있다. 이 사례들이 지금 망설이고 있는 부업을 시작할 용기가 되어주길 바란다.

어릴 적 내게 선생님은 세상의 모든 답을 아는 완벽한 지혜의 기둥이었다. 하지만 지금의 나는 학생의 돌발 질문에 당황해, 출석부를 보는 척하며 몰래 구글에 검색하는 교사일 뿐이

 난생처음 시작하는 돈 공부

다. 나 역시 인생이라는 버스에 올라탄 서툰 승객이라는 사실을 학생들이 눈치채지 못하도록 필사적으로 감추고 있다.

APAdvanced Placemnet* 심리학을 처음 가르쳤던 해에는 달리는 롤러코스터에 올라탄 채로 롤러코스터를 만드는 기분이었다. 전공자도 아니고 관심조차 없었지만, 학교의 요청에 '뭐 얼마나 어렵겠어?'라는 배짱으로 덤벼들었다.

나는 학생들보다 딱 일주일 먼저 교재를 읽으며 진도를 나갔다. 답하기 곤란한 질문이 나오면 "미리 알면 재미없다"라고 하며 능청스럽게 넘기기도 했다. 누군가는 내 오만함을 비판하거나 교육 제도의 허점을 탓하겠지만, 결과는 놀라웠다. 우리 반 전원이 시험에 합격했고 평균 점수는 전국을 웃돌았다. 모르는 개념이 나오면 주말 내내 머리 싸매고 공부했고, 매주 학생들 앞에 당당히 설 준비를 마쳤다. 결국 완벽한 지식보다 중요한 건 '가르칠 수 있다는 확신'이었다.

결국 핵심은 이렇다. 누군가에게 유용한 지식이나 기술을 나눠줄 때 100%의 자신감이나 박사 학위가 있어야 하는 건 아니다. 나 역시 예전에는 내가 아는 척만 하는 사기꾼은 아닐지 끊임없이 자책했다. 하지만 시간이 흐를수록 깨달았다. 나만 그런

---

* 고등학생에게 대학 과목을 미리 학습할 기회를 제공하고, 대학 이수 학점으로 인정해주는 미국의 교육제도다.

게 아니라 사실은 사람들 대부분이 같은 불안을 안고 살아간다는 것을 말이다.

예전에 근무하던 학교에서 한 학부모에게 면담 요청 이메일을 받은 적이 있다. 나의 개인 재무 관리 수업에서 딸이 받은 성적이 궁금하다는 것이었다. 알고 보니 그분은 지역 사회에서 추앙받는 성공한 CEO였다. 만남을 앞두고 두 가지 중 하나를 예상했다. 부자에게 귀한 가르침을 받거나, 아니면 내가 가르치는 내용이 너무 기초적이고 쓸모없다는 소리를 듣거나.

그런데 예상과 전혀 달랐다. 그분은 내게 주식 투자하는 법을 가르쳐줄 수 있냐고 물었다. 충격이었다. 내가 머릿속에 그려온 업계의 거물이 나에게 돈을 모으고 현명하게 투자하는 법을 묻고 있었다. 사업 계약을 따내고, 마케팅을 진두지휘하는 데는 탁월했지만, 정작 자신의 돈을 관리하는 법은 몰랐던 것이다. 그러면서도 더없이 겸손하고 솔직하게 도움을 청했다. 배운 적이 없으니 모르는 게 전혀 부끄럽지 않다고 했다.

크게 성공한 CEO도 금융 지식 앞에서 부끄러움 없이 모른다고 말할 수 있다면, 우리도 그럴 수 있다. 더 중요한 사실은, 우리가 우러러보는 사람들도 생각보다 훨씬 덜 유능하고 덜 똑똑할 수 있다는 점이다.

마지막으로 생각만 하던 부업이 어떻게 큰 수입원으로 발전할 수 있는지 보여주는 사례가 있다. 나는 매년 지역 내 자영업

　　　　　　　　　　　　　　　난생처음 시작하는 돈 공부

자들을 초청해 이야기를 듣는 자리를 마련한다. 굴곡 많고 험난했던 그분들의 이야기를 들으며 학생들은 한 가지를 깨닫는다. "인생을 완벽하게 계획할 필요는 없다."

그중에서도 인테리어 디자이너로 성공한 재니스의 이야기가 기억에 남는다. 그는 국방부에서 타격 무기 관련 업무로 사회생활을 시작했다. 인테리어 디자인과는 전혀 무관한 이력이었다. 그런데 어느 날 그의 집을 방문한 친구가 자신의 집 인테리어를 도와줄 수 있냐고 물었고, 비용까지 부담하겠다고 했다. 그는 경험 없음을 핑계 삼지 않고 곧바로 청구서를 출력하며 사업을 시작했다. 입소문은 빠르게 퍼졌고, 우연히 시작한 부업은 어느새 어엿한 디자인 회사로 성장했다. 고객들이 그를 선택할 때 따지는 건 기술적 배경이 아니라 결과물이었다.

열정을 쏟는 일이나 취미로 부수입을 얻고 싶다면, 자격이 없다느니 잘 안 될 것 같다느니 하는 이유에 얽매이지 마라. 스스로 생각하는 것보다 당신의 실력은 훨씬 뛰어날 가능성이 크다.

돈이 돈을 벌게 하는 금리의 힘

백만장자는 평균적으로 일곱 개의 수익원을 가지고 있다고 한다. 이 말을 들으면 여러 사업체를 운영하는 기업가나 부동산

임대 수익을 올리는 사람이 떠오르지만, 수익원은 그보다 훨씬 단순한 형태로도 만들 수 있다. 주식 배당금이나 은행 이자 수익도 엄연한 수익원이다. 지금 가진 돈을 현명하게 투자해 돈이 돈을 벌어오게 만드는 것, 그것이 출발점이다.

좋은 은행을 이용한다

가장 쉽게 할 수 있는 일은 이자율이 높은 고금리 계좌로 돈을 옮기는 것이다. 원리는 간단하다. 은행에 돈을 맡기면, 은행은 그 돈을 다른 곳에 빌려주고 수익을 내어 그 대가를 지불한다. 연수익률APY를 보면 은행 계좌에 돈을 넣어두었을 때 정확히 얼마를 받는지 알 수 있다. 돈을 빌릴 때 연이율APR은 낮을수록 좋지만, 이자를 받는 입장일 때는 금리가 높을수록 좋다. 금리가 높다는 건 그만큼 은행에서 더 많은 이자를 지급한다는 뜻이기 때문이다.

이 글을 쓰는 지금, 뱅크 오브 아메리카BofA, Bank of America의 저축 계좌 금리는 0.01%에서 높아야 0.04% 수준에 머물러 있다. 반면에 캐피털 원의 성과 저축 계좌(금리가 변한다는 점을 기억하라. 이 책이 출간될 때 캐피털 원의 금리는 이보다 높을 수도, 낮을 수도 있다)는 4.25% 이자를 지급한다. 뱅크 오브 아메리카를 비난하려는 게 아니다. 다만 제1금융권 은행들은 2, 3 금융권보다 금리가 훨씬 낮다는 사실을 알아야 한다.

다음 표에서는 이러한 금리가 잔액에 따라 수익에 어떤 영향을 미치는지 비교한다.

<표 10-1> 은행 금리에 따른 수익

계좌 잔액	뱅크 오브 아메리카 금리(0.04%)	캐피털 원 금리(4.25%)
5000달러	2달러	212달러
1만 달러	4달러	425달러
5만 달러	20달러	2125달러
10만 달러	40달러	4250달러
25만 달러	100달러	1만 625달러

이자는 매달 지급된다. 따라서 캐피털 원 같은 고금리 계좌를 이용하면 아무런 일을 하지 않아도 매달 쏠쏠한 추가 수입이 생긴다. 예를 들어 원 계좌에 1만 달러(약 1400만 원)를 넣어두면 1년에 425달러, 즉 한 달에 35달러를 받는다. 반면에 같은 금액을 뱅크 오브 아메리카 계좌에 두면 매달 무려 0.33센트나 받게 된다. 참고로 35달러면 매달 넷플릭스를 비롯한 스트리밍 서비스를 모두 구독하기에 충분한 금액이다.

금리가 낮은 은행을 이용하고 있다면 당장 금리가 높은 곳으로 돈을 옮겨라. 돈이 스스로 돈을 벌게 해야 한다. 캐피털 원만 이런 혜택을 주는 게 아니다. 인터넷에 '고수익 은행 계좌 금리'라고 검색만 해 봐도 경쟁력 있는 금리를 제공하는 은행이 널려 있다는 사실을 알 수 있다.

고금리 계좌로 돈을 옮긴다고 해서 하룻밤 사이에 부자가 되는 건 아니다. 하지만 내 돈이 스스로 돈을 벌어오게 만드는 첫 단추를 끼울 수는 있다.

다시 한 번 강조하지만, 이 정도의 작은 한 걸음이라면 누구나 쉽게 시작할 수 있다. 작은 행동이 경제적 미래를 바꿀 수 있다는 사실을 깨닫는 순간, 비로소 돈과 긍정적인 관계를 맺을 수 있다.

연봉 인상 협상의 기술

새로운 수입원을 찾아 나서기 전에, 먼저 현재 수입을 늘릴 방법부터 고민해라. 연봉 협상에 나서거나 더 나은 조건을 제시하는 곳으로 이직하는 것이 그 시작이다. 이 과정이 막막하게 느껴질 수도 있겠지만, 맨바닥에서 완전히 새로운 소득원을 만드는 것보다는 훨씬 빠르고 쉬운 길이다.

남의 눈치를 보느라 갈등이 두려운 사람에게 상사와 연봉을 협상하는 건 피하고 싶은 숙제일 것이다. 하지만 나쁜 소식부터 전하자면, 상사가 먼저 알아서 연봉을 올려주는 기적은 일어나지 않는다. 당신이 용기를 내야만 한다.

난생처음 시작하는 돈 공부

좋은 소식은 철저히 준비하면 승산이 있다는 점이다. 실제로 연봉 인상을 요구한 사람의 70%가 연봉이 오르는 결과를 얻어 냈다.[19] 맨바닥에서 부업을 시작하는 것보다 현재의 연봉을 높이는 것이 훨씬 빠르고 확실한 길이다.

연봉을 올리는 가장 확실한 무기는 '객관적인 데이터'다. 협상 테이블에 앉기 전, 시장 조사를 통해 내 직무의 적정 몸값을 파악하라. 직장 평가 사이트에서 내 직책과 근무지의 급여 범위를 확인하고, 현재 내 위치를 현실적이고 냉정하게 비교해 보는 것이 시작이다.

만약 지금 내 연봉이 시장 평균보다 낮다면, 오히려 기회다. 그만큼 인상할 명분이 확실하기 때문이다. 조사를 마쳤다면 이제 구체적인 숫자를 정해라. 연봉 10% 인상처럼 명확한 목표치가 있어야 한다. 구체적인 숫자는 철저히 준비했다는 인상을 주며, 결과적으로 인상률을 올리는 힘이 된다.

사람들은 연봉 인상을 요구하기 가장 좋은 시점은 언제일지 궁금해한다. 한마디로, 내 능력과 기술이 제대로 보상받지 못하고 있다는 사실을 당당히 증명할 수 있을 때다. 물론 이외에도 연봉 협상의 문을 두드리기에 완벽한 타이밍을 알려주는 구체적인 징후들이 있다.

성과 평가 기간

고용 계약을 협상하기에 가장 자연스러운 시점이다. 연말이나 분기 말 평가는 구체적인 성과를 근거로 자신의 가치를 어필하고, 실제 기여도와 현재 보수 사이의 괴리를 짚어낼 좋은 기회다.

업무 책임과 업무량이 바뀔 때

입사 당시 네 명이 하던 일을 이제 두 명이 처리하고 있다면, 혹은 처음 맡았던 업무 범위를 훨씬 넘어서는 역할을 맡고 있다면 연봉 인상을 요구하기에 충분한 근거가 된다.

업무 목표와 기대치를 계속 넘길 때

동료보다 꾸준히 높은 성과를 내거나 직무 기술서에 명시된 범위를 넘어서는 일을 하고 있다면, 팀에 기여하는 가치를 증명하기가 훨씬 쉽다. 특히 나의 부재가 회사에 상당한 손실을 초래할 수 있다는 점을 강조하면 연봉 인상 가능성은 크게 높아진다.

간혹 더 이상 만만한 사람이 되지 않겠다고 다짐하며 협상에 나섰다가, 의욕이 앞서 무례하거나 공격적으로 변하는 이들이 있다.

실제로 사회성이 다소 부족한 한 친구의 이야기다. 그는 대화를 빨리 끝내고 모호한 구석을 남기지 않겠다는 각오로 협상에 임했다. 친구의 말에 따르면, 그는 긴장한 채 땀을 뻘뻘 흘리며 상사의 방에 들어갔다. 그러고는 자리에 앉아 안부를 묻기가 무섭게 단숨에 외쳤다. 자신은 훌륭한 직원이며 연봉 15% 인상을 원한다고, 만약 받아들여지지 않으면 사직하겠다고 말이다. 충격적이게도 이 접근법은 전혀 효과가 없었다.

연봉을 올려주지 않으면 사직하겠다고 협박할 필요는 없다. 그저 시장 조사를 통해 내 직무의 적정 급여 범위를 정확히 알고 있다는 사실만 알리면 된다. 그것만으로도 상사는 직원이 진지하다는 점을 깨닫고, 급여를 계속 낮게 유지할 경우 이 유능한 인재가 회사를 떠날 수도 있음을 인식하게 된다. 대화하는 내내 상대를 존중하되, 근거 없는 인상을 요구하는 것이 아니라 내 기술과 성과에 걸맞는 정당한 보수를 원한다는 점을 분명히 강조하라.

회사에게 들을 수 있는 최악의 답변은 거절이다. 하지만 거절당한다 해도 그저 시작점으로 돌아올 뿐, 잃을 것은 아무것도 없다. 또한 이제 내 업무 가치에 비해 낮은 연봉을 받고 있다는 사실을 확인했으니, 적절한 보수를 제시하는 다른 회사로 이직을 고려해볼 수도 있다. 만약 현재 회사에 머물기로 했다면, 향후 6개월간 어떤 구체적인 성과를 내야 연봉 인상이 가능할지 상사에게 피드백을 요청하라.

골프장에서 골프공이 가득 든 무거운 쇼핑백을 끌고 다니는 한 아이를 만난 적이 있다. 아이는 내게 골프공이 필요한지 물었고, 나는 거절했다. 하지만 그는 거절에도 굴하지 않고 논리적으로 파고들었다. 이 코스는 험해서 공을 잃어버리기 쉽고, 무엇보다 가게에서 판매하는 것보다 저렴하다는 것이었다. 게다가 지금 집에 가야 하니 특별가에 주겠다는 제안까지 덧붙였다. 결국 그 어린 사업가의 상술에 감탄하며 공을 샀다.

우리는 아이들에게서 배워야 한다. 아이들은 자존심을 세우거나 남의 시선을 고민하지 않는다. '내가 이 일을 할 수 있을까?' 혹은 '남들 눈에 멋있어 보일까?'를 따지는 대신, 그저 돈을 벌겠다는 목적 하나에만 집중하며 행동할 뿐이다.

사실 외부의 시선에 신경 쓰지 않고 부업에 뛰어들어야 할 쪽은 아이들이 아니라 어른이다. 아이들은 돈을 벌어 보고 싶어 할 뿐이지만, 어른들에게 돈은 생존의 문제이기 때문이다.

앞서 말했듯, 나 역시 생활비를 벌고 경제적 목표를 이루려 우버 운전을 한 적이 있다. 당시에는 우버 운전을 한다는 사실이 부끄러웠다. 그래서 승객이 차에 타면 어떻게든 화제를 돌려 본업은 교사이며, 우버는 그저 아르바이트일 뿐이라고 구구절절 설명하곤 했다. 마치 나는 우버나 할 사람이 아니라는 점을 뒷좌석의 낯선 이가 반드시 알아야만 한다는 듯이 말이다.

하지만 진실은 이랬다. 승객은 내가 우버 기사라는 점에도, 교사라는 사실에도 아무 관심이 없었을 것이다. 그리고 가장 결정적인 사실은, 그들은 나를 전혀 기억하지 못한다는 것이었다.

나는 우버를 운전해 돈을 벌었고, 그 돈을 은퇴 자금으로 투자했다. 부업이라는 전략은 부끄러워할 일이 아니라 오히려 자랑스러워해야 할 일이었다.

물론 아르바이트나 부업이 늘 근사할 수는 없다. 하지만 그게 무슨 상관인가? '나 같은 사람이 할 일이 아니야'라는 하찮은 자존심 때문에 낯선 사람의 눈치를 보느라 휴가 한 번 못 가는 인생보다 남는 시간에 우버를 몰아 돈을 버는 삶이 훨씬 더 품격 있다.

수입을 늘릴 방법을 찾고 있다면 자존심은 잠시 접어두자. 대신 그 수입이 가져다줄 확실한 이익에만 집중하라.

이제 추가 수입을 얻을 구체적인 방법들을 살펴보자. 여기서 소개하는 것들이 전부는 아니겠지만, 부수입 창출에 영감을 줄 것이다. 우선 자동차만 있다면 누구나 곧장 시작할 수 있는 일부터 알아보자.

차량 공유 서비스

차량 공유 서비스인 우버는 차만 있다면 누구나 쉽게 여윳돈을 벌 수 있는 수단이다. 회사가 제시하는 최소 자격 기준을 충족하고 서류 제출과 운전자 심사만 마치면(이 모든 과정은 온라인으로 가능하다) 즉시 승객을 태우고 수입을 올릴 수 있다.

운전을 시작하기 전, 나는 과정이 너무 복잡할 거라며 지레 겁먹고 상상 속의 장애물들을 만들어내곤 했다. 하지만 막상 해보니 모든 절차를 마치는 데는 단 하루면 충분했다. 우버처럼 긱 경제Gig Economy* 일자리의 가장 큰 매력은 근무 시간을 스스로 정하고, 원할 때만 일할 수 있다는 점이다.

우버 운전으로 큰 부자가 된 것은 아니다. 하지만 소득이 적었던 시절, 생활비에 보탬이 되고 경제적으로 숨통을 틔워준 고마운 존재였음은 분명하다.

배달 서비스

요즘은 세상의 거의 모든 물건을 배달받는 시대다. 이 말은 곧, 배달을 하기만 해도 충분히 돈을 벌 수 있다는 뜻이다. 미국에서는 우버이츠Uber Eats나 도어대시Door Dash 같은 음식 배달은

---

* 필요에 따라 단기 계약직이나 임시직을 섭외해 일을 맡기는 형태. 배달, 운전, 청소, 디자인 등 서비스 제공자와 수요자가 직접 연결되는 유연한 노동 시장을 통칭한다.

　　　　　　　　난생처음 시작하는 돈 공부

물론, 인스타카트Instacart(식료품), 드리즐리Drizly(주류), 심지어 의약품이나 소포 전문 배송 플랫폼까지 활성화되어 있어 차량만 있다면 무엇이든 배달해 수익을 낼 수 있다.**

사람 대하는 게 부담스러운 이들에게 배달 부업은 최적의 선택이다. 실제 의약품 배송원을 만나 물어보니, 낯선 승객을 태울 필요 없이 좋아하는 팟캐스트나 오디오북을 들으며 여유롭게 운전하고 시간당 평균 25달러 정도를 번다고 한다. 혼자만의 시간을 즐기는 이들에게는 꽤 괜찮은 수익원이다.

차량 대여 서비스

차를 직접 몰지 않아도 돈을 벌 방법이 있다. 자동차계의 에어비앤비인 튜로Turo*** 같은 플랫폼을 통해 사용하지 않는 차를 이웃에게 대여하는 것이다. 맞벌이 부부 중 차를 한 대만 주로 쓰거나 재택근무로 자동차를 탈 일이 줄어든 사람에게는 아주 매력적인 불로소득이 된다.

물론 자동차만이 유일한 수단은 아니다. 이제 이미 가지고

** 한국의 경우 배달 부업으로는 배민커넥트, 쿠팡이츠 배달파트너가 있고, 또 자차를 활용해 물류를 배송하는 쿠팡 플렉스나 네이버 도착보장 배송 업무 등도 대표적인 긱 경제 모델로 자리 잡고 있다.

*** 한국은 법적 제한으로 인해 미국처럼 개인 간 차량 대여가 자유롭지는 않지만, 최근 '타운카Town Car'처럼 지역 기반 차량 공유 서비스가 규제 샌드박스를 통해 경기도 등 일부 지역에서 운영되고 있다.

있는 기술과 관심사에서 어떤 경제적 잠재력을 끌어낼 수 있을지 살펴볼 차례다.

취미와 열정을 통해 수익 만들기

많은 시간을 쏟고 있는 취미가 있다면, 그것은 곧 돈을 벌 기회이기도 하다.

예를 들어 동료 교사 중 한 명은 각종 행사 사진을 찍어 쏠쏠한 수익을 올리는 사진작가로 활동 중이다. 전공자는 아니지만 좋은 카메라를 장만해 독학으로 실력을 쌓았고, 처음에는 지인들의 행사를 무료로 촬영해주며 포트폴리오를 만들었다. 사진이 입소문을 타자 일거리가 쏟아졌고, 이제 그는 주말과 방학을 활용해 좋아하는 일을 하며 1년에 2만 달러의 추가 수입을 얻고 있다.

반려동물을 사랑하는 사람에게도 기회는 열려 있다. 최근에는 로버Rover나 웨그Wag* 같은 플랫폼이 반려동물 주인과 동물 애호가를 연결해준다. 여행 중인 주인을 대신해 강아지를 산책시키거나 고양이를 돌봐줄 사람이 늘 필요하기 때문이다. 네 발 달린 친구들과 함께하는 시간이 하루 중 가장 행복하다면, 이보

---

* 한국에는 와요Wayyo, 페펨Peperm 등 전문 펫시터와 보호자를 연결해주는 플랫폼이 활성화되어 있다. 거주 지역 인근의 반려동물을 산책시키거나 방문 돌봄을 제공하며 수익을 올릴 수 있다.

 난생처음 시작하는 돈 공부

다 더 즐거운 부업은 없을 것이다.

기술을 바탕으로 하는 기회

대부분의 사람에게는 매일 쓰면서도 미처 그 가치를 깨닫지 못한 기술과 지식이 있다.

평소 능숙하게 다루는 소프트웨어가 있는가? 엑셀 실력이 뛰어나다면 프리랜서로 회계 업무를 맡을 수 있고, 포토샵으로 이미지 편집을 잘한다면 그래픽 디자이너로 활동 범위를 넓힐 수 있다. 웹사이트 구축 능력이 있다면, 이제 막 사업을 시작해 홈페이지가 간절한 수천 명의 창업자가 잠재 고객이다. 피버 Fiverr** 같은 플랫폼에 접속해 보라. 사소해 보이는 틈새 기술로 돈을 버는 수많은 프리랜서를 만날 수 있을 것이다.

과외 역시 수익성 높은 부업이다. 굳이 해당 분야의 전공 학위가 없더라도, 본인에게 친숙한 과목이라면 중학생 정도는 충분히 가르칠 수 있다. 교육 현장에서는 고급 학위보다 학생과 유대감을 형성하고 자신감을 불어넣어주는 역량이 더 중요할 때가 많기 때문이다. 또 구글에 검색해 보면 다음과 같은 인기 부업 목록이 나온다.

** 한국에는 크몽Kmong이나 숨고Soomgo가 대표적이다. 디자인, IT, 번역, 마케팅부터 비즈니스 컨설팅까지 자신이 가진 거의 모든 재능을 서비스 형태로 판매하고 수익을 창출할 수 있다.

- **프리랜서 글쓰기 및 편집** 블로그, 웹사이트, SNS 콘텐츠 제작, 문서 교정 및 편집 서비스 제공

- **온라인 비서** 이메일 및 일정 관리, 각종 행정 업무 처리, 고객 지원 및 SNS 계정 관리

- **온라인 설문 및 시장 조사** 설문 조사 참여, 웹사이트 및 앱 사용성 테스트

- **수제 상품 판매** 플랫폼을 통한 공예품, 액세서리, 미술품 및 맞춤형 선물 제작 판매

- **공간 대여** 에어비앤비를 통한 숙박 공유, 유휴 물품 보관 공간이나 주차장 대여

- **피트니스 코칭** 온·오프라인 퍼스널 트레이닝 수업 제공 및 맞춤형 운동 계획 수립

- **전사Transcription 서비스** 오디오나 비디오 녹음본을 텍스트로 변환하거나 영상 자막 제작

이 목록이 세상의 모든 부업 기회를 담고 있지는 않다. 다만 경험해 보고 싶은 수익원은 무엇인지, 그리고 그 수입이 삶을 어떻게 바꾸어 놓을지 진지하게 고민해 보는 계기가 되길 바랄 뿐이다.

나는 새로운 일을 시작할 때마다 비슷한 과정을 겪어왔다. 시작 전에는 과연 내가 이 일을 해낼 능력이 있는지 의심하며

 난생처음 시작하는 돈 공부

극도로 긴장하지만, 일단 첫발을 내딛고 나면 생각만큼 두렵거나 어렵지 않다는 사실을 깨닫곤 한다.

이런 경험을 통해 나는 자기 의심과 불확실성이 반드시 실패의 징조는 아니라는 것을 배웠다. 오히려 그런 불편한 감정은 성장을 위해, 그리고 부를 축적하기 위해 기꺼이 지불해야 할 작은 대가와 같다.

이 책이 바로 그 증거다. 원래 나는 졸업생을 위한 작은 소책자를 만들려 했을 뿐, 작가가 될 생각은 전혀 없었다. 안 될 이유만 수백 가지를 떠올리며 망설였지만, 결국 용기를 내어 첫발을 내디뎠다. 그 도전이 성공을 거두며 내 삶에는 예상치 못한 기회들이 열렸다.

당시 내가 시작하지 않았다면 지금의 이 책도 없었을 것이다. 단순히 돈을 벌기 위해 시작한 작은 부업이 때로는 새로운 기술과 경력, 그리고 완전히 다른 삶을 선물하기도 한다.

결론만 모아보기

- **지출 감소보다 수입 증대에 집중하라.** 경제적 목표를 달성하기에 예산이 충분하지 않을 수 있다. 그렇다면 지출을 줄이기보다 수입을 늘릴 방법을 찾아야 한다.

- **전문가여야 한다는 강박에서 벗어나라.** 전문가이거나 자격이 있어야 기술을 수익화할 수 있는 것은 아니다. 열정과 아이디어가 있다면 실전에서 부딪히며 도전하는 것이 우선이다.

- **금융 기관을 전략적으로 활용하라.** 부당한 수수료는 없는지, 금리는 합리적인지 점검하라. 주거래 은행을 교체하는 것만으로도 연간 수백에서 수천 달러의 추가 이익을 얻을 수 있다.

- **자신의 몸값을 제대로 요구하라.** 현 직장에서의 연봉 협상이든 이직이든, 본인의 가치에 걸맞은 보수를 받고 있는지 끊임없이 확인하고 관철해야 한다.

난생처음 시작하는 돈 공부

특별 부록

재테크를
단순하게 만드는
21가지 공식

재테크를 단순하게 만드는 21가지 공식

지금까지 무수히 많은 정보를 소화했다. 이제 돈에 대한 막연한 두려움이 기분 좋은 자신감으로, 또 막막했던 금융 지식들이 스스로를 지키는 무기가 되어가고 있기를 바란다. 물론 한편으로는 머릿속이 복잡하고 버겁게 느껴질 수도 있다. 그래서 이 마지막 장에서는 내가 평소 실천하는 재테크 원칙과 함께, 각 장에서 다룬 가장 중요한 핵심 내용을 정리하려 한다.

마지막으로 경제적 자유를 이끌어낼 진심 어린 이야기를 덧붙이며 이 여정을 마무리할 것이다.

72의 법칙

72의 법칙은 투자 원금이 두 배가 되는 데 걸리는 시간을 계산하는 아주 간편한 방법이다. 공식은 간단하다. 72를 예상 투자 수익률로 나누면 된다. 예를 들어 현재 30세인 사람이 투자 수익률 약 9%인 주식에 1만 달러를 투자한다고 가정해 보자. 72를 9로 나누면 8이 나온다. 즉, 8년마다 원금이 두 배씩 불어난다는 뜻이다.

나는 '최악의 은퇴 시나리오'를 계산할 때 72의 법칙을 활용한다. 여기서 최악의 시나리오란, 지금 이 순간부터 퇴직연금 계좌에 단 한 푼도 추가로 넣지 않았을 때 과연 나중에 얼마를 손에 쥐게 될지 계산해 보는 것이다.

72의 법칙은 인생의 각 단계에서 목표 자산 설정하는 데도 매우 유용하다. 예를 들어 35세에 5만 달러를 모아뒀다고 해 보자. 수익률을 약 9%로 잡으면 자산이 8년마다 두 배가 된다. 즉, 단 한 푼도 추가 저축하지 않아도 65세가 되었을 때는

<부록 표1> 72의 법칙

나이	잔액
30세	1만 달러
38세	2만 달러
46세	4만 달러
54세	8만 달러
62세	16만 달러
70세	32만 달러

*투자 수익률 9%일 때

원금이 세 배 이상 불어나 약 40만 달러를 기대해 볼 수 있다.

투자 수익률 10%가 기준점이다

역사적으로 살펴보았을 때 주식의 연평균 수익률은 약 10%다. 다른 투자 기회를 고려할 때마다 이 10%를 잘 활용해야 한다. 물론 주식이 늘 투자 수익률을 보장하는 건 아니지만, 장기적으로 자산을 증식하기에 가장 신뢰할 수 있고 수익성이 높은 방법임은 분명하다. 만약 누군가 투자 수익률 20%를 보장한다고 제안한다면 그에게 물어보라. "그렇게 좋은 기회인데 왜 세상 모든 사람이 투자하지 않을까요?" 정말 수익성이 높고 안전한 투자라면 이미 부자들이 앞다투어 자금을 쏟아부었을 것이다. '믿기 어려울 정도로 좋은 조건'이라면 대개 사실이 아닐 확률이 높다. 연 투자 수익률 10%만으로 재산은 충분히 효율적으로 늘어난다. 그러므로 이보다 더 높은 수익률을 얻기 위해 불필요한 위험을 부담하는 일은 시도하지 말자.

0 세 개 붙이기

주 40시간 일하면서 시급을 받는 경우, 자신의 연봉이 얼마인지 혹은 시급 인상이 연 수입에 어떤 영향을 주는지 알고 싶다면 아주 간단한 계산법이 있다. 시급에 2를 곱한 뒤, 그 뒤에 0을 세 개 붙이는 것이다.

난생처음 시작하는 돈 공부

예를 들어 시급 20달러를 받는다면, 여기에 2를 곱한 40 뒤에 0을 세 개 붙여 연봉을 약 4만 달러로 추산할 수 있다. 이 공식을 활용하면 복잡한 계산 없이도 자신의 소득 수준을 파악할 수 있다. 방대한 정보를 기억하기란 어렵기에, AI의 요약 기능처럼 이 책의 핵심만을 추려 정리해 보았다. 필요할 때마다 반복해서 찾아보는 지침서로 활용하라.

<부록 표2> 연봉을 계산하는 법

시급	대략적인 연봉
15달러	3만 달러
25달러	5만 달러
35달러	7만 달러
45달러	9만 달러
55달러	11만 달러

성인 대부분이 금융 문맹이니 자책을 멈춰라

SNS를 통해 전해지는 왜곡된 일상, 돈 이야기를 금기시하는 사회적 시선, 그리고 나 자신의 무지가 결합된 세상 속에서 우리는 마치 나만 유독 경제적 결핍을 겪는 것 같은 착각에 빠지곤 한다. 금융 지식이 부족하다는 사실에서 오는 죄책감은 오히려 문제를 해결하려는 의지를 꺾어버린다. 이제 자신의 경제적 상황을 객관적으로 인정하고 스스로에게 솔직해지자. 돈 이야기를 편안하게 시작하는 순간, 주변의 친구나 가족, 동료들 역시 똑같은 경제적 고민을 안고 살아가고 있음을 깨닫게 될 것이다.

재테크는 각자 하는 것이다

이제 타인과 자신을 비교하는 일은 그만두어야 한다. 겉으로 보이는 화려함이나 물질적인 소유는 경제적으로 더 빈곤하게 만들 뿐, 결코 성공의 진정한 척도가 될 수 없음을 기억하자. 우리는 이미 부를 쌓는 법을 충분히 익혔다. 따라서 이제는 타인이 아닌, 내가 세운 경제적 목표를 기준으로 얼마나 나아갔는지를 측정해야 한다. 우리는 현실적인 장기 목표를 설계할 수 있는 지식과 기술을 갖추었으며, 그 목표에 도달하기 위해 지금 당장 실행해야 할 단기적인 수단이 무엇인지도 정확히 알고 있다.

세상은 변했다

오늘날 경제적 자유를 달성하기가 얼마나 어려워졌는지 불평하고 싶은 마음이 들 수 있다. 하지만 그런 불만을 품는다고 해서 현재의 경제 상황이 달라지거나 경제적 전망이 나아지는 것은 아니다. 과거보다 생계비가 훨씬 더 많이 든다는 사실을 담담히 받아들이고, 달라진 현실에 적응해야 한다. "내 젊은 시절엔 슈퍼마켓 점장 월급만으로도 25세에 집을 샀다"라는 똑같은 잣대를 들이대는 사람들의 말에 휘둘리지 마라. 오늘날 경제적 성공을 거두는 것은 과거와 비교할 수 없을 만큼 어려운 일이라는 사실을 분명히 인지해야 한다.

난생처음 시작하는 돈 공부

목표의 우선순위를 정해라

원하는 경제적 목표를 한 번에 전부 이루려고 하다가는, 정작 어느 하나도 제대로 달성하지 못할 가능성이 크다. 그러므로 실현 가능한 목표 중에서 무엇이 가장 소중한지, 어떤 것을 가장 먼저 성실하게 추구할지 우선순위를 정해야 한다. 몇 가지 핵심 목표에 집중하며 금전 관리 원칙을 철저히 따르다 보면, 경제 상황은 개선되고 자산은 생각보다 빠르게 불어날 것이다. 그때가 오면 새로운 목표를 하나씩 추가하며 부를 확장해나가면 된다.

망설임은 비싼 대가를 치러야 한다

주식 투자에서 수익이 보장된다면 더할 나위 없겠지만, 현실은 그렇지 않다. 그렇기에 사소한 결정에 매몰되어 시간을 낭비할 여유가 없다. 예를 들어 인덱스 펀드를 고를 때, 어떤 펀드가 최고의 수익률을 낼지 예측하느라 스트레스받을 필요는 없다. 정작 경계해야 할 것은 아무런 선택도 하지 않았을 때 마주하게 될 결과다. 투자를 하지 않는다는 것은 수익률 0%를 자처하는 것과 같다. 재테크의 본질은 미래를 준비하는 데 있으며, 그 누구도 미래를 완벽하게 예측할 수는 없다. 역사적 추세와 구체적인 데이터를 바탕으로 투자 계획을 세웠다면, 이제는 결단을 내려야 할 때다.

주식은 따분한 것이다

'주식'이라고 하면 흔히 고함을 지르며 매매 주문을 외치는 트레이더, 숫자와 그래프가 가득한 화면을 매섭게 노려 보며 운명을 건 결정을 내리는 모습 등을 떠올리곤 한다. 하지만 이는 주식을 '매매'하는 모습일 뿐, 진정한 의미의 '투자'라고 볼 수는 없다. S&P500을 추종하는 저비용 인덱스 펀드에 투자하는 것만으로도 자연스럽게 분산 투자가 이루어지며, 전문가보다 85% 더 나은 성과를 거두는 전략을 갖게 된다. 투자를 자동화하고, 피할 수 없는 시장의 하락장에서도 당황하지 마라. 그저 시간이 흐르며 복리가 마법을 부리도록 내버려두면 된다.

매달 승리하라

재테크의 세계에서는 안타깝게도 오늘 내리는 그 결정과 미래의 부에 미치는 영향 사이에 상당한 괴리가 존재한다. 이렇듯 머나먼 미래의 목표와 현실 사이의 거대한 간극에 매몰되는 대신, 매달 주어진 작은 과제에서 승리하는 데 집중하라. 은퇴할 때까지 100만 달러를 모으는 것보다 매달 400달러씩 모으는 쪽이 훨씬 더 할 만하다고 느껴진다. 소설 속 포레스트 검프는 미국을 횡단하려고 출발한 게 아니었다. 그저 한 발 한 발 달리다 보니 알아차리기도 전에 전국을 횡단하게 된 것이었다.

다음을 미리 계획하라

반드시 항상 다음 행보를 미리 계획해야 한다. 예를 들어 매달 400달러를 내던 자동차 할부금이 5개월 뒤에 끝난다고 가정해보자. 그렇다면 대출 상환이 끝나는 시점부터 발생할 그 여윳돈을 어디에 투입할지 미리 계획해야 한다.

그 돈은 새로운 목표를 달성하기 위해 쓸 수도 있고, 기존의 투자 비중을 높이거나 또 다른 대출을 상환하는 원동력이 될 수도 있다. 만약 구체적인 계획이 없다면 삶에 의미 있는 곳에 투자하는 대신 하찮은 소비에 돈을 낭비하기 쉽다.

예산은 제약이 아닌 자유를 선사한다

효과적인 예산 수립은 목표 달성에 도움이 되고, 무엇보다 경제적 불안이 줄어들게 만든다. 예산을 체계적으로 관리하면 미래의 풍요로운 삶을 설계하는 동시에, 현재의 스트레스까지 줄일 수 있다. 만약 예산이 없으면 친구와의 즐거운 외식 자리에서 비싼 음식을 먹어도 경제적으로 죄책감이 들어 온전히 즐길 수 없다. 하지만 미리 세워둔 예산 안에서 움직인다면 이야기는 달라진다. 현재를 누린다고 해서 미래를 희생하는 것이 아니라는 점을 잘 알고 있으므로 현재를 마음껏 즐길 수 있다.

고정비용을 조심하라

주거비, 교통비, 식비는 부를 쌓는 능력을 가장 크게 갉아먹는 3대 지출 항목이다. 예산을 검토할 때는 반드시 이 세 가지 범주부터 현미경 들이대듯 살펴야 한다. 여기서 지출을 줄일 방법을 찾아낸다면, 재정 상황은 이전보다 훨씬 더 수월해질 것이다. 기억하라. 이 세 가지 비용에서 단 몇백 달러만 아껴도 은퇴 준비 혹은 내 집 마련이라는 장기 목표를 달성하는 데 속도는 눈에 띄게 빨라진다. 단 몇 년만이라도 자동차 할부금 없이 지내거나, 가족과 함께 본가에 살며 월세를 아낀다면 경제적으로 훌륭한 미래를 만들 수 있다.

꿈의 자동차는 할부금 납부가 끝난 차다

누군가 나에게 꿈의 자동차가 무엇인지 묻는다면, 나는 할부금 납부가 모두 끝난 차라고 대답할 것이다. 매달 자동차 할부금을 내지 않는 상태가 재정적으로 얼마나 엄청난 해방감을 주는지 사람들은 잘 모른다. 지금 타는 차의 할부금을 이미 다 갚았고 운행하는 데 별다른 지장이 없다면, 새 차로 바꿀 생각은 아예 접어두길 바란다. 자동차 할부금으로 나갈 돈을 아끼는 것만으로도 내 집 마련을 위한 계약금을 모으고, 꿈꾸던 결혼식을 준비하며, 심지어 자녀의 대학 학비까지 해결할 수 있다. '남들에게 보여주는 차'보다 '나의 미래를 지켜주는 자산'이 훨씬 더 가

난생처음 시작하는 돈 공부

치 있다는 사실을 잊지 마라.

지출 비용과 목표 달성을 위한 투자금은 매달 자동이체로 보내라

예산을 관리할 때는 인적 오류Human Error의 가능성을 차단하라. 지출 비용과 투자금을 자동이체로 설정하면 관리가 단순해질 뿐만 아니라, 연체료 발생을 막아 신용 점수에도 긍정적인 영향을 준다. 게다가 자동이체를 해두면 스트레스와 죄책감도 줄어든다. 나가야 할 돈이 자동이체로 빠져나가고 나면 지출 우선순위에 있는 비용과 목표 달성을 향한 투자금을 전부 낸 것이므로 남은 돈을 걱정 없이 쓸 수 있다.

매달 대금을 적게 갚으면 큰 비용이 되어 돌아온다

학자금, 자동차, 신용카드 결제 등 무언가를 할부로 이용할 때마다 가장 먼저 인지해야 할 사실은 매달 납부하는 상환금이 '할부 원금'과 '이자'로 나뉘어 있다는 점이다. 내 돈이 원금을 갚는 데 얼마나 쓰이는지 파악하려면 연이율의 원리를 이해해야 한다. 연이율 6%로 학자금 3만 달러를 대출받았다고 가정해 보자. 이번 달 상환분을 계산하려면 우선 대출 원금 3만 달러에 연이율 6%를 곱해야 한다. 그러면 대출 원금에 따르는 연간 이자는 1800달러라는 사실을 알 수 있다. 따라서 이번 달에 내야 할 이자를 계산하려면 1800달러를 12개월로 나누면 된다.

즉, 이번 달 상환금 중 150달러는 순수하게 이자로 나가는 돈이다. 만일 이번 달에 150달러만 상환한다면 그것은 대출 원금을 전혀 갚지 못한 것이다. 매달 200달러씩 상환한다고 쳐도 대출 원금은 겨우 50달러 줄어들 뿐이다. 할부로 구매할 때 이 점을 반드시 염두에 두고 만약 할부로 구매를 했다면 상환금 대부분을 이자로 버리지 말고, 원금을 줄여나가는 방식으로 대출을 효과적으로 상환해야만 한다.

빚은 가짜 실패감을 안겨준다

대출을 상환할 때 많은 돈을 이자로 낭비한다. 매달 학자금 대출로 400달러씩 상환하지만 이자 비용을 차감하면 실제 상환 가치는 330달러에 불과한 식이다. 이로 인해 대출을 갚으려는 노력이 허사로 느껴지고, 목표를 달성하기가 실제보다 더 어렵게 보일 때가 많다. 일단 빚에서 벗어나는 데 집중하고, 이후에 이자를 내는 게 아니라 받는 입장이 되면 부는 빠르게 불어난다는 점을 기억하라.

은퇴를 대비해 가능한 한 빨리 투자하라

부를 축적하는 과정에서 복리는 가장 강력한 수단이며, 이 복리가 마법과도 같은 힘을 발휘하기 위해서는 반드시 절대적인 시간이 뒷받침되어야 한다. 현재 20대라면 은퇴는 먼 미래의 일

   난생처음 시작하는 돈 공부

로 느껴질 것이며, 그때가 닥치면 어떻게든 해결될 것이라고 막연하게 생각하기 쉽다. 만약 그러한 생각이 든다면 50대인 이들과 대화를 나누며, 기회가 있었을 때 미리 준비하지 못해서 후회하는 일이 무엇인지 물어보길 권한다. 아마도 투자를 더 일찍 시작하지 못한 점을 꼽을 가능성이 매우 높다. 반면 현재 50대라면 실망하거나 이미 늦었다고 단정 지어서는 안 된다. 투자를 시작하기에 가장 좋은 때는 10년 전이었으나, 두 번째로 좋은 때는 바로 지금이기 때문이다.

추가 수입원은 돈 문제를 해결할 좋은 방법이다

예산을 잘 관리해도 경제적 목표를 달성할 돈이 부족하다면 추가 수입원이 필요하다. 100만 달러를 벌 새로운 아이디어를 내야 한다거나 아무것도 없는 상태에서 회사를 창업해야 한다는 식으로 접근하지 마라. 매주 몇 시간씩 추가로 일해 매달 몇백 달러만 벌어도 장기적인 목표를 달성하는 데 큰 도움이 된다. 기억하라. 중요한 것은 거창한 성공이 아니라 당장 실천 가능한 작은 시작이다. 배달 서비스 등 사소해 보이는 추가 수익이 시간과 결합할 때, 상상 이상의 놀라운 결과를 가져올 것이다.

스스로 해결책을 찾을 준비는 끝났다

재테크에 관한 질문이 생기면 구글 검색에 의존하는 사람이 많다. 그런데 익숙하지 않은 용어가 나오거나 조언받은 내용이 버거울 때는 검색을 포기한다. 이 책을 읽는 사람들은 이제 지식 수준이 향상되었으므로 스스로 답을 찾고 검색하는 일이 두렵지 않을 것이다. 앞서 들어가는 글에서 "은퇴 대비를 하려면 로스 개인연금 계좌를 개설해서 S&P500을 추종하는 저비용 인덱스 펀드에 투자해"라는 말을 들으면 얼마나 버거워지는지 이야기했다. 잘 모르는 용어가 너무 많기 때문이었다. 하지만 이젠 이러한 용어가 나와도 훨씬 자신 있게 대할 수 있고, 이러한 조언이 어떤 의미인지 이해할 수 있을 것이다.

돈으로 행복을 살 수는 없지만, 행복해지는 건 훨씬 쉬워진다

지난 10년 동안 순자산이 적자인 빈털터리에서 시작해 매달 자산을 늘리고 경제적으로 자유를 찾으며 깨달은 부의 본질은 물질이 아닌 '안락함'이었다. 이는 사랑하는 이들과 함께하는 순간에 돈 걱정 없이 온전히 몰입할 수 있는 자유를 의미한다. 아내와 멋진 레스토랑에 가고, 친구들과 알래스카로 여행을 떠나고, 어머니를 위해 크리스마스에 좋은 선물도 사게 되었지만, 그뿐 아니라 돈을 너무 많이 썼다며 걱정하지 않고 즐거운 순간에 완전히 집중할 수 있게 되었다.

경제적 운명을 바꾸기 위해서는 현실적인 인내와 시간이 필수적이다. 나 역시 빚을 갚기 위해 고된 노동을 견디고 수년간 만족을 지연시킨 끝에, 과거의 노력을 압도하는 보상을 누리게 되었다. 만약 이미 경제적 두려움에 맞서기 시작했다면 충분히 찬사받을 자격이 있다. 마땅히 누려야 할 풍요로운 삶을 스스로 일구어 나갈 때가 비로소 찾아왔다.

가족과 친구, 그리고 제자들과 동료들이 없었다면 이 책은 세상에 나오지 못했을 겁니다. 그들은 재테크의 두려움에 대해서 솔직하게 털어놓고, 여러 질문을 하며 나를 믿어주었습니다. 그리고 재테크를 해 보려는 그들의 의지 덕분에 이 책을 통해 내가 해야 할 이야기가 무엇인지 알 수 있었습니다. 그 과정에서 나는 사람들의 삶에 자신감과 안락함을 더해주는 안내자가 되고 싶다는 강력한 동기를 얻었습니다.

더불어 해리만 하우스 출판사 분들에게도 깊은 감사의 마음을 전합니다. 첫 책을 쓰고, 독립 출판을 했을 때는 마치 미지의 세계로 무모한 여정을 떠나는 기분이었지만, 이번 책을 펴낼 때는 출판사의 지원 덕분에 한 걸음씩 내디딜 때마다 확신을 얻을 수 있었습니다. 특히 내 질문에 성실히 답해주고, 내 아이디어를 믿어준 닉 플레처에게 각별한 감사를 전합니다. 그는 내가 이 책을 쓸 수 있도록 끊임없이 용기를 북돋워주었습니다.

마지막으로 성장을 향해 용기를 내어 이 책을 선택해준 독자 여러분에게도 깊이 감사드립니다. 변화를 위해 첫발을 내디딘 그 용기가 진심으로 자랑스럽습니다.

1. 〈S&P Global Finlit Survey〉, Global Financial Literacy Excellence Center, June 6, 2016.

2. 〈The National Study of Millionaires〉, Ramsey Solutions, October 3, 2024.

3. 〈2024 Paycheck-to-Paycheck Report Reveals Continuing Economic Pressures〉, AACA International, February 7, 2025.

4. 〈Report on the Economic Well-Being of U.S. Households in 2022-May 2023〉, The Federal Reserve, June 2, 2023.

5. 〈Average credit card debt in the U.S.〉, Bankrate, February 14, 2024.

6. 〈Gitnux Market Data Report 2024.〉, Lindner, Jannik, 2024.

7. 〈United States Housing Market〉, Redfin, 2024.

8. 〈Buy or rent? Study shows renting is more affordable in the 50 largest metros〉, Gailey, Alex, Bankrate, April 29, 2024.

9. 〈How Much Does Daycare Cost in 2024?〉, Heimlich, Jennifer, Popsugar, October 2, 2024.

10. 〈When U.S. Air Force Discovered the Flaw of Averages〉, Rose, Todd.

11. 〈Income and Poverty in the United States, 1984-2022, U.S.〉, Census Bureau.

12. 〈Average Rent by State〉, Patoka, Josh, November 15, 2023.

13. 〈Average Car Payments in 2024〉, Betterton, Rebecca, 2024.

14. 〈American Households Average Monthly Expenses〉, Caporal, Jack.

15. 〈Here Are the 10 Cars Millionaires Drive These Days〉, Dave Ramsey, GOBankingRates, November 25, 2024.

16. 〈Americans have a net worth problem, and it's not positive〉, Credit karma, April 17, 2023.

17. 〈Average Credit Card Interest Rate for March 2025〉, Woolsey, Ben, Investopedia, March 7, 2025.

18. 〈What is the average monthly benefit for a retired worker?〉, socialsecurity.gov, 2024.

19. 〈How to ask for a raise and get it〉, Payscale, 2024.

옮긴이 **도지영**

이화여자대학교에서 정치외교학과 경제학을 전공했고, 연세대학교 대학원에서 국제통상을 전공했다. 현재 번역 에이전시 엔터스코리아에서 출판 기획 및 전문 번역가로 활동하고 있다. 옮긴 책으로는 《더 프랙티스》《HBR 위대한 통찰》《경제학의 역사》《아시아 마켓 4.0》《돈의 힘》 등이 있다.

난생처음 시작하는 돈 공부

2026년 4월 30일 초판 1쇄 발행

지은이 제이크 쿠지노 **옮긴이** 도지영
펴낸이 이원주

책임편집 이채은 **디자인** 진미나
기획개발실 강소라, 김유경, 박인애, 류지혜, 고정용, 최연서
마케팅실 정주호, 권금숙, 양봉호, 신하은, 현나래, 박미진
디자인실 윤민지, 정은예 **디지털콘텐츠팀** 최은정 **해외기획팀** 우정민, 배혜림, 정혜인
경영지원실 강신우, 김현우, 이윤재 **제작실** 이진영
펴낸곳 (주)쌤앤파커스 **출판신고** 2006년 9월 25일 제406-2006-000210호
주소 서울시 마포구 월드컵북로 396 누리꿈스퀘어 비즈니스타워 18층
전화 02-6712-9800 **팩스** 02-6712-9810 **이메일** info@smpk.kr

© 제이크 쿠지노(저작권자와 맺은 특약에 따라 검인을 생략합니다)
ISBN 979-11-24070-81-9 (03320)

쌤앤파커스(Sam&Parkers)는 독자 여러분의 책에 관한 아이디어와 원고 투고를 설레는 마음으로 기다리고 있습니다. 책으로 엮기를 원하는 아이디어가 있으신 분은 이메일 book@smpk.kr로 간단한 개요와 취지, 연락처 등을 보내주세요. 머뭇거리지 말고 문을 두드리세요. 길이 열립니다.